别让不会拒绝害了你

第十二只猫 著

北京时代华文书局

图书在版编目（CIP）数据

别让不会拒绝害了你 / 第十二只猫著. —北京 :
北京时代华文书局, 2017.4
ISBN 978-7-5699-1514-3

Ⅰ. ①别… Ⅱ. ①第… Ⅲ. ① 人际关系学—社会心理
学—通俗读物 Ⅳ. ①C912.11-49

中国版本图书馆CIP数据核字(2017)第064767号

别让不会拒绝害了你

BIERANG BUHUI JUJUE HAILE NI

著　　者 | 第十二只猫

出 版 人 | 王训海
策划编辑 | 李　强
责任编辑 | 李　强
装帧设计 | 仙境书品
责任印制 | 刘　银　訾　敬

出版发行 | 北京时代华文书局 http://www.bjsdsj.com.cn
北京市东城区安定门外大街136号皇城国际大厦A座8楼
邮编：100011　电话：010-64267955　64267677
印　　刷 | 北京华创印务有限公司 010-61424591
（如发现印装质量问题，请与印刷厂联系调换）
开　　本 | 880mm×1230mm　1/32　印　　张 | 9　字　　数 | 120千字
版　　次 | 2017年7月第1版　印　　次 | 2017年7月第1次印刷
书　　号 | ISBN 978-7-5699-1514-3
定　　价 | 38.00元

前言

PREFACE

一个新生儿是吃母乳还是牛乳，是穿纸尿裤还是裹尿布，他是没有选择权的，大人给他什么他就接受什么。但当新生儿大一点儿的时候，他可能会说："我不要喝奶奶，我要吃糖糖。"再大一点儿，他又会选择："我不要布娃娃，我要小汽车。"更大一点儿，他会说："我不想当老师，我想当警察。"同样，在选择伴侣方面，他也会说："我不喜欢村东头的王二丫，我想娶村西头的张小花。"……所以，判断一个人是否长大或成熟的重要标志，不是年龄，而是其人格是否独立，是否有自我意识与见解。如何判断一个人是否具有独立与自我意识呢？从他学会拒绝开始。

我们学会拒绝时，也会对某些人、某些事、某些社会现象因各种原因而说不出那个“不”字。说不出那个“不”字的原因很多，有的人是因为胆小懦弱，有的人是因为虚情假意，有的人是因为不好意思，有的人是怕伤害别人，还有的人是因为爱着对方……

比方说，一位朋友向你提出某种请求，你没有能力让对方达到目的，一言不合，友谊的小船说翻就翻。我们在遭遇电话推销时，通过挂断电话就可以达到拒绝的目的。可是，如果这个推销员是你的亲人、同事、死党时，你又该如何妥善拒绝呢？

“拒绝”是一个冰冷的词汇，夹带着尴尬，包裹着无情。社会是一个巨大的关系网，能够得心应手，来而则安、退而则平将人际关系处理得滴水不漏，不是每个人都具备的能力。很多人并未学会拒绝这门艺术，常常得罪了人而又有苦难言。

我这里讲的故事都是生活中常见的人际交涉，如何拒绝他人、他事及应对策略，为不懂拒绝的“老好人”们排忧解难。同时，也让你的人格更独立，更完整。成长，是从学会正确地说“不”开始的。

拒绝是一种必要的措施和手段，不要让别人绑架了你的意愿，唯有尊重内心，擅作取舍，才能还自我一份清净、一份快乐。人生只有一次，我不想过虚假的人生，希望你也是。

目录 CONTENTS

Chapter 1

你以为你很好说话，其实别人认为你没原则

Chapter 2

为什么要点头，你有千万个理由说“不”

Chapter 3

你的人生要自导自演，莫做任人摆布的木偶

Chapter 4

在人脉中行走，要迂回前进

Chapter 5

工作不是生活的全部，你要拒绝义务之外的事

Chapter 6

别把爱情当游戏，你不玩人也莫让人玩你

Chapter 7

亲近的人，更要把话说直白

1

CHAPTER

你以为你很好说话，其实别人认为你没原则

先表明立场，别人自然无法强求

大刘和强强都是经过一番拼搏留在这个城市的从贫苦家庭出来的农村孩子，因为机缘巧合而认识，继而成为朋友，因为都是单身，所以他们合租了一套两居室，可以减轻点儿负担。

大刘在教育系统工作，目前还只是普通的工作人员，工资虽然没有强强高，但工作有规律且轻松，每天能按时上下班。强强在一家大公司工作，是一个部门负责人。薪资虽然比大刘高出了不少，但经常要加班加点，甚至连周末都很少在家。无形中大刘就承担了合租房的清洁卫生工作，有时还帮强强洗洗衣服，强强把大刘对他的好记在了心里。

这天，强强下班后，发现大刘在客厅等自己。大刘告诉强强他最近遇到点儿事，想请强强帮个忙。

大刘告诉强强，他小时候家里穷，父亲有残疾，母亲有重病……而他在那样的家庭里还能读完大学，全靠一个亲戚的接济。

这个亲戚是大刘父亲的嫡亲堂妹，大刘喊她姑姑。其实姑姑家也并不富裕，但比大刘家强了很多。当初大刘初中没毕业，父亲因为负担不起他的学费，准备让他退学去和一个泥瓦匠师傅当小工。那天，父亲买了酒买了菜，准备在家里招待师傅，把大刘交给他。

恰好那天中午姑姑去办事，从他家经过，想着是顺路，就到他家来看看，结果看到他家买了酒，炖了鸡在招待客人，一问才知道是怎么回事。

大刘告诉强强，姑姑当天下午没去办自己的事，而是和他父亲讲读书的重要性，讲大刘有多聪明，多适合读书。最后说：“我知道你供不起大刘，大刘读书的费用我出一半。”这句话感动了父亲，所以，大刘才有了今天。

“其实后来我读书并没有花姑姑多少钱，上大学的费用也是我打工挣回来的。但姑姑这份恩情我一直记在心里，要不然，我现在不知道蹲在哪个马路口等人给活儿干呢。”

大刘的“痛说家史”讲完了，强强并没有因此头脑一热蹦出：“兄弟，说吧，你想让我帮什么忙，但凡我能帮上的，就算是上刀山下火海我也帮你（其实很多年轻男性，特别喜欢讲类似的话。虽然心理原因可能是出于同情，义气，甚至是强调朋友感情或是报答等，但听在对方耳朵里就是一种承诺。你一旦说了，人家若真求了，你帮，有可能让你脱一层皮，你不帮，就是你不讲信誉，打自己脸）。”

强强这样说道：“兄弟，我非常理解你对你姑姑的感激之情，就像你一直以来对我的照顾一样，我也一直感激在心。你说你遇到点儿事，是和你姑姑有关吗？如果是借钱，你知道我跟你一样，也是从农村来的，每个月发工资先打一部分钱给家里，所以，也没有多少积蓄。但也能帮你几千元救救急，多的真拿不出来。”

大刘听强强这么说，回答说：“本来我是打算找你借点儿钱的，姑姑的儿子住院了，医院说得马上开刀做手术。但手术费用要18万元！我姑姑哪儿拿得出来啊，把全部积蓄都凑起来才5万元。所以姑姑就问我能不能凑13万元，我也凑不出来啊！但想到姑姑对我的恩情，再加上这也是救命的事，我怎么也张不开口说‘不’啊，所以……我本来打算和你借5万元，既然你这样说，能借多少借多少吧，我再想想其他办法。”

强强一听，不禁暗自庆幸自己把话说在了前面。因为自己真拿不出5万元来。他仔细想了自己的存款及未来的收入，很哥们地说：“5万元我还真拿不出来。不过救人如救火，我一会儿给我爸打个电话，问问这几个月能不能不给他们打钱，如果他们有钱花，我大概能给你凑一两万。”

大刘对强强的感激之情我这里就不多说了。

只谈谈关于求助这件事。

大刘对姑姑与强强对大刘之间的感情有相同之处，即都是心存感激。

对于有恩之人的求助，大刘因为张不开口拒绝，而把13万元借款的担子应了下来，他心里知道，这13万元以他目前的人脉关系，要借出来何其难。借出来后，还，又何其难。他之后该怎么办，这将成为他心头上一块大石压得他寝食难安。

同样对于自己心存感激的大刘的求助，强强采取了先表明态度与立场的办法，没有把自己架于火上。

试想，假如强强没事先说那番话，他是否能开口拒绝大刘5万元的借款请求？

生活中我们总喜欢抱怨自己因为帮别人的忙，而给自己找了一堆麻烦，比如家里住进了亲戚，亲戚又如何不懂事等等。这些事也许真的很让人讨厌，这些人也许真的给人制造了很多麻烦而不自知，但作为抱怨者，你有没有在自己身上找过原因呢？是否自己对于别人的要求都一味答应，或者自己没有给他人一个明确的立场：哪些事，我能帮；哪些事，我不能帮；哪些行为我能容忍，一旦你过了这条线，我将会采取什么样的态度……如果你事先画好了明确的“线”，那么这些麻烦是不是也自动被你屏蔽了呢？

应承之前，先考虑自己的承受力

我曾经做过一件“别人帮忙”，我还心生怨言的事。

事情是这样的：

在儿子上幼儿园时期，因为经常接孩子放学，我认识了他班上一个小朋友的家长。她家的情况跟我家的情况有些相似，都是没有老人帮忙，且孩子的爸爸要么是常驻外地，要么是经常出差。孩子的接送只能指望我们这两个当妈的。但我们也都是有工作的人，虽然一般情况下能够早退来接孩子，但谁也怕万一有什么事走不了，不能按时接孩子，于是我们俩就成了对方互相依靠的伙伴，万一不能第一时间赶到幼儿园接孩子，就给对方打个电话，让其帮忙接一下孩子。

那天，我们俩提前几分钟到了幼儿园。在等待放学的时间里，我们开始聊天。我记得那是九月底，当天我买了一条秋冬穿的加厚牛仔裤。裤腿有点儿长，以前附近有一个裁缝铺，每次需要改裤腿我直接送到那家裁缝铺去改。前段时间这家裁缝铺关门了，所以我向这位家长打听，附近哪里还有裁缝铺。

当她听说我找裁缝铺只是改裤腿长短时，很热心地说道："你找什么裁缝铺啊，我会做衣服你不知道？你标尺寸没有，如果标了，把裤子给我，我家里有缝纫机，我给你改。"

我有点儿不好意思，说："怎么好意思麻烦你呢？"

她说："咱俩谁跟谁啊？这一年来，你帮我接孩子的次数比我帮你接孩子的次数多，这点儿小事你就不用客气了。"

她这样说，再推辞，会显得生分，而且我们俩关系也确实挺熟了，两个孩子经常在对方家里吃饭过夜，所以，我就把裤子给她改了。

第二天，她没把裤子给我带过来。

第三天，她还是没把裤子给我带过来。

九月底，武汉的天气还蛮热的，我也不急着穿，想着她一个人带孩子，每天挺忙的，大概没时间改，所以我也没问。

转眼，要放国庆假了。在放假前的倒数第二天，我跟她提了裤子的事，她说："放心，我记着呢，想着你也不急着穿，所以没改。我今天回去就改。"

我心想，今天回去改，明天她就能把裤子给我带过来。结果，第二天她还是没把裤子带来。

一直到七天国庆假结束，天气转凉，她也没有把裤子带给我。

我只好在某个周末给她打电话，让她周一务必记得把裤子带给我，还说如果她实在没时间改，我也打听到了其他裁缝铺，我拿过去改就行。天气凉了，我要穿。

终于，这条裤子又一次与我见面了。

说实话，当初她主动说帮我改裤子时，我是心生感激的，可是现在，我的感激之情大打折扣，若说完全没有想法与怨言也不太可能。

当然，这只是一件小事。单纯就这件小事来说，是对方帮我的忙，且这个忙是在对方承受范围内的一件微不足道的小事。否则，对方也不会主动应承。但是，不管这个应承是小还是大，既然你答应了，尤其是在主动揽下的情况下，就要尽快且尽力地办好，否则，你又何苦应承下来？

我还知道有一种人，因为想吹牛，想让人看得起，或者基于某种不可告人的虚荣心，把一件自己承受范围之外的事应承下来，这实在是吃力不讨好。

小 A 在一家大公司工作，是基本职员。他们公司风气挺好，没有媚上踩下等现象。某天，小 A 兴奋地告诉同事小 B，“我姐夫当上某某初中的副校长了，将来你姑娘想上这个中学，跟我说一声，我和我姐夫打个招呼就能让你姑娘进去读书。”

小 B 一听，兴奋了，“唉呀，怎么这么巧？我亲姐的姑娘恰好今年升初中，恰好我姐希望他家姑娘能上这所学校。因为不是对口中学，我姐正愁该怎么办呢，既然你姐夫一句话就能办成，这事我就拜托你了。到时候一定重谢！”

小 A 虽然心里打了个梗，但很快接着说：“咱们是什么关系啊，重谢就不用了，到时请我和我姐夫一家吃饭就行。”

诚如你猜到的那样，这事儿办起来遇到了很多难题，新官上任正是要好好表现的时候，小 A 却让姐夫走后门……

最后的最后，这事儿办成了。小 B 姐姐的姑娘高高兴兴去上学了，而小 A 的姐姐跟姐夫差点儿要离婚。小 A 的姐夫看见小 A 都不说话，姐姐也是懒得瞧小 A 一眼。总之，小 A 因为一时的虚荣，把自己、姐姐及姐夫都置于尴尬的位置。

我想，小 A 当时与小 B 说起姐夫的升职及自己能帮忙的事，不过是出于虚荣而吹牛的。当小 B 提出让小 A 帮忙的时候，小 A 其实是有机会拒绝的，而他却因为虚荣心理没有拒绝应承下来。

问题是，小 A 所应承之事并不是自己能直接解决的，而是要求助姐姐，姐姐再求助姐夫……最后，就落得这样的局面。小 A 在小 B 面前是有面子了，但他从此在姐姐姐夫面前却不是人了，姐姐与姐夫之间的感情关系，也因为他出现了嫌隙。孰重孰轻，是有所得还是有失，我想，小 A 自己应该心里有数儿。

别怕得罪人，有原则的人谁都敬他三分

所谓原则，其实不是多高端、大气、上档次的东西，百度上的解释是：说话、行事所依据的准则。通俗点说就是一个人平时做事做人的习惯和生存底线。可是偏偏却有人没有原则或不敢坚持原则。表面上他们会认为自己为人圆滑，深谙世事，在我看来，他们不过是胆小、怯弱、怕得罪人。

我所在公司的办公室职员小刘上班越来越晚了。从以前的 8 点 20 分左右来公司，到 8 点 35 分来公司，现在干脆 9 点来公司上班了。要知道，我们公司要求的上班时间是早上 8 点。

我们公司管理比较松散，没有打卡制度。小刘自己所流露出来的态度是：反正我把自己该做的工作都做完、做好了，管我什么时候到公司呢！小刘这样想也不完全没道理，但既然公司没有这种只要完成工作，就可以不按时上班的规则，那么他的这种行为就是错误的。

我们部门经理老张因为知道小刘和总经理有亲戚关系，从来不当面指出小刘的迟到行为。其他下属因为看到老张对小刘的姑息，也跟着迟到起来。因为有小刘垫底，老张对于下属的这些行为，也不敢批评了。

一天早上（8 点 40 分），一个部门经理正好到老张的部门办事，他发现办公室里除了老张，其他人都没来。部门经理问老张怎么回事，老张就把小刘上班天天迟到的事说了。

这个部门经理听了非常生气，直接把这件事向总经理反映了。总经理大发脾气，批评老张作为领导，居然对下属不遵守公司准则的行为如此姑息，说老张是一个没原则的人，不适合做领导……

这事儿最后以老张写检查，被扣奖金了事。至于老张怎么和小刘及下属们交待的，我就不知道了，也不是我在这里想讨论的。我举出这个事例，只想分析一下老张的行为。作为一个直接领导，对于下属的迟到行为心中不满，却因顾虑小刘和总经理之间的私人关系，而不敢批评小刘，从而导致其他同事有样学样，这就是他不遵守原则造成的。他的行为最终导致了领导对他的批评，同事对他的不满，下属恐怕对他也少了一些应有的尊重。

别怕得罪人，有原则的人谁都敬他三分。时代不同了，老好人不吃香了。有脾气，也是一份真性情。把嘴边的话咽回去，纵然是一种成熟，但把该说的话说出来，才是一种担当。

这是作家苏芩说的一段话，也是我想要说的话。

一个懦弱没有原则的人，是得不到他人的尊重的。比如老张，他不批评小刘，是怕小刘在总经理面前告他的状；他不敢批评其他下属，是因为他不敢批评小刘在前。说白了，他就是一个懦弱的人。

如果，你是老张的下属，会不会也跟着小刘一起迟到？你迟到了，老张还不敢批评你，你会尊重老张吗？我会打心眼里瞧不起老张。

那个部门经理难道不知道小刘和总经理之间的关系吗？他直接向总经理反映了小刘及其他人的迟到行为，如果你是小刘或其他人，你会因此而记恨他吗？也许有人会，但我不会，相反，我敬佩那个上报的部门经理。据说，这件事传到那个部门经理的部门后，他所在部门的职员，没有一个敢迟到早退的。有原则的人，谁都敬他三分。

每个人都应该有原则，并且坚持自己的原则，其不仅表现在待人处事上，还表现在对待自己的态度上。

比如前面故事中提到的小刘，他就是一个对待自己没原则的人。他对自己的要求是差不多就行了：我工作差不多做好了，我上班虽然会迟到，但也不是迟到太晚，和别人差不多就行了。

我看过一个由甄子丹代言的去屑洗发水的广告，其中有句广告词“差不多成功，简直就是失败”，这句话我很赞同。有些人的原则是“差不多”，任何事情只要差不多就行，不追求完美，不精益求精，上班是否迟到也无所谓……没有原则的人，相对来说更难成功。小刘就是那种对自己的每项工作都要求差不多完成就行的人，可是这样的他如何能在业务上得以进步，又如何能得到领导的赏识呢？自己不追求进步，业务上也得不到领导赏识，他怎么会成功呢？

在这个世界上还有一种没原则的人，即和事佬，用我的话来说就是墙头草，他们没有自己的见解和想法，在是非曲折面前，随大流怕强权。如果你身边有这种人，你会尊重他吗？

有原则，并不是顽固不化，而是明确地知道哪些事可为，哪些事不可为。该拒绝时绝对不能和稀泥。当然怎么拒绝也因人而异，通情理的就讲道理，对于那些蛮不讲理的人，该得罪就得罪。否则你违背原则帮了他，也许从此就断送了自己的职业生涯。

说了违心的话，痛苦还得自己扛

违心话就是违背自己的意愿(内心、想法等)而说出来的话，也是一种谎话。有些违心话是可以说的，甚至是善良的谎言，比如夸一个长得不好看的姑娘漂亮。有些违心话说了，只能让自己痛苦。比如我表弟，就是因为对一个心爱的姑娘说了违心话，现在正痛苦得要命。

我表弟今年 27 岁，在一家事业单位上班，工作轻松，收入不低，人长得也很帅气，只是一直没谈女朋友。今年年初，他们单位来了一个叫阿莉的姑娘，领导把阿莉分配到表弟所在的部门，让表弟带她熟悉工作。

时间一长，表弟就喜欢上纯真善良的阿莉，有追求她的意思。可是几番接触下来，表弟知道阿莉有一个交往了两年的男朋友，在另外的城市读研究生。表弟只好把这份表白之心按捺下来，单纯地对姑娘好。殊不知，接触久了，阿莉对表弟也有了好感，两个人的关系变得微妙起来。

最后，那个女孩主动告诉表弟，她对他男朋友感情并不深，是他男朋友一直在追求她，他考上研究生后，她妈也劝她和他交往，那个时候她也没有其他的交往对象，而且也不知道自己喜欢什么样的男孩，所以就与他交往了。

现在，她认识了我表弟，觉得自己喜欢上了他，然后问我表弟是不是喜欢她，如果喜欢她，可以交往一下。

可是我表弟不知道出于什么心态，在姑娘主动表白的情况下居然说："喜欢，但我对你的喜欢只是如妹妹、好同事、好朋友一样的喜欢。"姑娘等来这样的回答后，刻意与表弟保持了距离，还总躲着表弟。

事后，表弟痛苦得要命，问我该怎么办。

我说："能怎么办？谁让你当初不说真心话的！现在只有两个办法，要么，去找阿莉，告诉她你也喜欢她；要么，就按你说的，不想破坏别人、不想当第三者，从此忘掉阿莉。"

表弟最后怎么选择怎么做那是后话，现在我只想问你有没有做过像我表弟这样的违心事？明明是喜欢的人，却偏要说不喜欢；明明很在乎，却偏说无所谓；明明很想留下，却偏偏说要离开；明明舍不得，却偏偏说受够了……

你也许会说这是感情上的事，感情上的事不能单纯用对或错来对待，有些时候真的是情非得已。那么，小晴的情况你又该怎么来看待呢？

小晴是我的新同事，刚来公司一个月，是做文职工作的。因为对业务不熟悉，工作做得不是很顺手，而手里这份活儿上司又着急要，所以，她打算晚上加班把活儿赶出来。

可是，在快下班的时候，同事小李拿着一堆报表过来对小晴说她与男朋友约好了，今天晚上要到男朋友家看望未来公婆，她手里这些活儿还没做完，能不能请小晴帮忙做一下，还解释说："很简单的，我都做好了，你照着报表把这些数据输入到电脑里就好了，表格都不用你做，你就帮帮忙吧，报表明天就得报到税务局，而我不能第一次约好去男朋友家就不守约吧。"

小晴面对小李这样有情有理的要求，因为不懂得拒绝，居然应承了下来。

事后我得知，小晴为了赶小李的报表，居然熬了一个通宵，还把自己的事耽误了。为此，她被自己的领导批评了不说，甚至对小李连抱怨的话都没说。

小晴是心甘情愿帮助小李的吗？肯定不是！但她为什么不直接拒绝小李呢？一则是因为她是新人，她担心自己拒绝了小李以后会和同事们处不好关系；二则是因为她拉不下脸面。中国有句古话叫"伸手不打笑脸人"，小李态度谦和，请求帮忙的理由也很充分，小晴尽管心里一百个不愿意，可还是拉不下脸对小李说"不"。

其实，不管是我的表弟，还是小晴，都是因为说了违心的话，而让自己痛苦不堪。一个是情感上的痛苦，一个是心理和体力上的痛苦。他们善良吗？善良！他们是好人吗？肯定是！但他们为什么还会痛苦呢？因为他们不敢面对自己的内心！不敢说出自己的真心话！我表弟只要对阿莉说："我也喜欢你，但我不想成为第三者，如果你真心喜欢我，请先与你男朋友断绝关系。"小晴则更简单，她只要对小李说："我非常想帮你，可是我自己手里也有一大堆事没做完，今晚正打算加班呢。"就可以了啊！

生活中，这样的事例很多：学生恭维老师，老师恭维领导，领导恭维高层，会员恭维会长……有的人，是为了自己的高升，为了自己的前途说违心话的。这种人，我不讨论他做人的准则，只想说若他是为了达到某种目的，出于真心做出的恭维，那么，对于他本人来说，他并不违心，所以，他也不会有痛苦。但是，很多正直的人，他们并不想说这些话、做这些事，若他们还是去恭维了，那就是违心的，想必，他自己一定痛恨自己的虚伪吧！

真正的亲和并非附和，而是懂得拒绝

今天在咖啡厅等人的间隙里，我居然有个意外收获——偷听来一段故事。

事情是这样的，当时我在某咖啡厅里等人，坐在一张可以坐四五个人的半圆形沙发上，桌子对面还有几张可以坐人的椅子。

后来，来了两个姑娘，大概没有其他合适的位置，在征求了我的同意后，坐在了沙发的另一端，即我的旁边。

她们一坐下来就小声聊起天来。

由于她们聊的是刚刚在网上热议的“帮人”还是“撞人”事件，又由于咖啡厅内很安静，她们的对话被我一字不落地听进耳朵里。

这里，我有必要先简单地介绍下他们热议的新闻事件：一个骑电动车的女子在横穿人行横道时，与她并排行走的一个老人突然在她的电动车旁倒了下来。女子下车观看老人情况，并试图搀扶起老人，但老人似乎被撞，或因身体原因而没能站起来。

据骑电动车女子说，不论是她的车还是她本人，都没有碰到老人，老人是突然在她旁边倒下的，她去察看老人并试图搀扶是在做好事。而老人的家属则一口咬定是女子碰擦了老人，要求女子赔偿。至于老人，却说不清当时自己是因为被碰了倒地的，还是因自己身体原因而倒地的。最能把这件事说清楚的摄像头，因为角度问题，也无法说清这件事。

这件事被传到网上后，成了一个热点事件。有媒体发声质问人心道德何在，如此冤枉施救者，以后谁还敢伸出援手等；

还有另一种声音则呼吁年轻人要勇于担当，承担责任，不能因为没有确实证据，就否认自己撞了人而不承担责任……

坐在我旁边的两个姑娘就是在说这件事。

T恤姑娘问裙子姑娘：“你觉得到底是老人在‘碰瓷’还是骑电动车女子在撒谎？”

裙子姑娘支支吾吾还没回答，T恤姑娘又说道：“我觉得肯定是那个老人在‘碰瓷’。”然后话锋一转，说道：“你说到底是现在的老人变坏了，还是坏人都变老了呢？我怎么总碰到道德低下没有底线的老人呢？”于是说出一大堆很不道德的老人的行为，比如强制年轻人在公共场合给自己让座，不让就打人；强行插队，不让插队就跳脚骂等。

裙子姑娘听T恤姑娘如此一说，也开了腔：“就是，我也遇到很多奇葩的老人……”

T恤姑娘与裙子姑娘聊了一会儿后，又来了一个衬衫姑娘。衬衫姑娘坐下来后，T恤姑娘跑吧台帮衬衫姑娘点咖啡去了，这期间，衬衫姑娘与裙子姑娘又聊了起来。

巧的是，衬衫姑娘聊的也是“帮人”还是“撞人”事件。

衬衫姑娘是站在指责骑电动车女子这一边的。

理由是老人长得慈眉善目，说话轻声细语。他的子女也不是那种不讲道理的人，说话很有分寸，不像是对老人不好，也不像是讹人钱的那种人。

让我没想到的是，裙子姑娘没有一点儿犹豫，就附和衬衫姑娘的说法，开始批判骑电动车女子的不对。

后来，T 恤姑娘返回来后，与衬衫姑娘就个人立场与观点争执了一会儿。好在她们没有让裙子姑娘来印证自己的理论，否则，我真不知道这个裙子姑娘会站在谁的一边。

这只是我偶然遇到的一件小事，这种类似的小事其实在生活中挺多的。

比如年轻人大学毕业后，在条件允许的情况下，是出国留学还是在国内继续深造。这种情况，对于同一个人，因为询问者的自主方向问题，被询问者会给出赞成出国和压根儿没必要出国两种截然不同的答案。

我有个同事就是这样。

由于公司员工增多，我们原来的办公室已经容纳不下新增的工作人员了，加上其他原因，领导就想换个新的办公室。对于是买层写字楼作为新办公地点，还是租写字楼作为新办公地点这件事，在没有召开正式会议之前，同事之间也会互相征求意见的。

某天，我问同事A：“你赞成买写字楼还是租写字楼？”

同事A没有回答，反问我是赞成买写字楼还是租写字楼。我告诉她，我站在买这一边，然后把我的理由告诉了她。她听后点头道：“你说得很有道理，确实买比租划算。”

这时，一直没说话的B同事插嘴了，“我觉得还是租划算。”然后，他说了租比买划算的理由。他没能说服我，于是我们俩就买写字楼还是租写字楼讨论起来。这时，B同事问A:“你觉得我说得有没有道理？”没想到A点点头说:“你说得也蛮有道理，确实租比买划算。”

听A这样说，我又举了一个买更划算的例证。A又说:“这么说，还是买划算。”

其实，办公室是买还是租更划算这件事，本来就没有正确答案。至于我和B站在不同的一面，也不是个人矛盾问题。而A这种因为不想得罪人而随便附和的态度，并没有讨好到我们，相反，我和B都不太喜欢她。以后再有什么争论时，肯定也不会征求A的意见了。

其实在这种情况下，A完全可以发表个人意见，或者干脆保持中立也是可以的。如果她确实说不好是买写字楼还是租写字楼更划算，或者确实不想发表个人意见站在某一方，她完全可以说：“你们别争了，租有租的好，买有买的好，反正这事儿你们说了也不算，等领导们开会决定吧。”这样说，远比我说买好，她就说买好；B说租好，她就说租好讨人喜欢。

古人教我们中庸，父辈们教我们要和同事处好关系，不要随便得罪人。于是很多人不发表意见，随便附和。自以为这样就可以不得罪人。事实上，这样的人不管是过去还是现在都不讨人喜欢。领导只会认为你没本事，没有个人看法；同事遇事也不喜欢和你这种人讨论，久而久之，你会被边缘化。

真正的亲和力并非随声附和，而是懂得适时且恰当地发表看法，拒绝或接受某种意见，而不是墙头草一般随风倒。

善谈是非的人，其实分不清是非

小李和小胡是同事。小李比小胡晚来半年，在小李来之前，公司里的年轻姑娘只有小胡一个，所以当小李来了后，俩人很快成了一起逛街、一起吃饭的朋友。

一次，俩人聊天，小李说起了总经理李总（小李是李总的秘书）。小李说，不知道是不是自己与李总都姓李的原因，她感觉李总挺好的，没有领导架子，自己有什么不懂不会的，只要问李总，李总总是耐心解释给自己听。而自己好多同学的领导不是成天拉着一张脸，就是对一点儿小错误大发脾气，真庆幸自己遇到这么一个好领导。

小胡听了，点头认可道：“李总温文尔雅，脾气又好，对谁都是一脸笑，不过……算了，不说了。”

小李听了连忙追问：“不过什么啊？李总是笑面虎，还是喜欢揩小姑娘油的伪君子？”小李猜测了一大堆，小胡都没点头，最后却大笑说：“不过李总真的挺好的，我逗你玩呢。”

小李也跟着小胡笑，心里却起了疑。

当小李又一次因为工作经验不足，造成小失误后，李总还是像以往那样，单独把小李叫到办公室，轻声细语地给她指出问题所在时，小李显得有点儿心不在焉，她一直在想小胡那句只说了一半的话。想来想去，她觉得李总是喜欢揩小姑娘油的伪君子的可能性最大，所以，每当李总站得离自己近一点儿，她总是不自觉地往旁边移一移。甚至，她还有意无意地在老同事那里打听李总的为人。

如此几次后，李总似乎发现了什么，也刻意与小李保持一定的距离。说话语气也变得“官方”起来。当小李在工作中再犯错误时，李总的态度没有以前那么和蔼了，甚至有些该小李做的工作，李总也不给她做了，而是拿到隔壁办公室吩咐小胡做。

通过一个月的观察，小李发现李总是正人君子，绝对不是自己想象的那样的人。但李总不再对她信任与重用了，她发现李总分配给自己的工作越来越少，几乎什么工作都没有了。

又过了几个月，小李主动提出了辞职。当初小李为了这个岗位费了九牛二虎之力，可谓过五关斩六将，但是一个让自己感到压抑且得不到重用的工作，再留下去也没有意思，所以小李尽管再不情愿还是选择了离开。

小李离开后，顶替秘书一职的是小胡。

小胡虽然比小李早来公司半年，但她只是一个被所有人吩咐干些打字、复印等办公室杂事的文员。她觊觎李总秘书职位半年了，好不容易盼到原秘书离职，本以为李总会就近把自己调过去，没想到李总招聘了小李。暗自比较了自己与小李的学历、经验、长相，小胡不觉得自己比小李差，甚至觉得小李过于单纯，不如自己处事老练圆滑，于是她故意在小李面前无中生有说了那半句话。小李果真中计，因为自己的猜疑与不辩是非，而耽误了前程。

小李盲目轻信他人是非，自己又不能理智做出应对之策，注定要败给小胡。假如，你是小李，或者你也在工作中遇到一个说他人是非的同事或好友，你应该怎样应对呢？

可采用顾左右而言他应对，即打岔。这种办法适用于你对被说之人的了解。即你知道被说的那个人不是这个人说的那样，但你又不好驳这个人的面子直接否定他，也不想顺着他的话去应承，那么你就可以随便讲一个话题来打岔。如你看过《七月与安生》没？听说这部电影挺火的。甚至可以说天气，比如明天又要变天了，这鬼天气，上次变天我就感冒了，明天别再感冒了等等。总之，你能想到什么话题就说什么话题，把这个人的话题打断就好。

当你已经入了说是非者的套子，该如何应付？比如是非者说："你去过我们公司旁边的凯旋大酒店没？"这时，不管你回答去过或没去过，对于对方来说都不重要，因为他接着会说："我表妹在那上班。"然后他话锋一转，说："也是巧了，那天恰好我表妹值班，看到咱们公司的某某跟一个女人从楼上下来……"如果你不想继续这个话题，你该如何处理呢？大而化小小而化了就行。比如你可以接一句："哦，这事我知道，那是某某公司的客户。"然后迅速岔开话题或者干脆找理由离开："你看我这记性，我约了朋友这个点做某某事的，我得赶紧走。"

如果人家说的是非针对你本人，你又该如何应对呢？比如你靠本事得到提升，有人在背后说你靠不正当关系上位。这要在对方说了你的是非后，根据不同的情况应对。如果你的人品大家有目共睹，你的能力大家也有目共睹，那么，你不理他就是。说是非者看到没造成什么影响，自然不再继续说下去。

如果对方很过分，你可以采取针锋相对或利用第三者澄清应对。当有人在公共场合对你恶意中伤时，你应该保持冷静和镇定，然后勇敢面对，见招拆招，举事例一一驳回对方的搬弄是非或恶语中伤。你也可以找一个大家共同认识的第三者来为自己澄清事实。第三者说的话，往往比自己的辩解更容易让别人信服，这样也能更好地维护自己的声誉，让说人是非的小人不能得逞。

2

CHAPTER

为什么要点头，
你有千万个理由说“不”

不懂拒绝，你就等着被烦死

无意中在《三联生活周刊》中看到这样一段文字“房子都均价5万元了，为了省几十块钱，“双十一”“双十二”，网购半年卫生纸囤着，图啥呢？”然后告诉读者，该扔的杂物，不要舍不得，扔掉；浪费你时间的人和事，扔掉。把你的时间和生活重点用在你觉得重要的人和事上。

文章在后面的叙述里多是讲该如何简单生活的案例，诸如某高管放弃年薪上百万的优渥生活，去乡村耕种；某留洋博士拒绝国外的高薪挽留，选择回国在家做手工皂，放弃一些世俗认为需要获取的东西，去追求内心最美好、最想要、最简单的生活。我深以为然。但文中的案例人物，无一不是高级知识分子或在某一方面有所成就的精英，他们不管是在放弃一些东西之前还是之后，都过着让芸芸众生仰望的生活，不具有普遍性和代表性。

我不是高级知识分子，也不是某一方面的精英，我是一个朝九晚五的上班族，偶尔也会为猪肉贩子少给我二两肉吵吵架，为家人出门忘记关灯浪费了一天电而生生气。所以，我想写写我这种每个月只有几千元工资的普通人，该如何处理生活中的“杂物”。

如何清理生活中的“杂物”？答案就四个字：学会拒绝！

当你学会拒绝同事的不合理要求，当你学会拒绝家人的一味依赖，当你学会拒绝把时间浪费在刷朋友圈上，当你学会拒绝那些人情推销，当你学会拒绝讨好别人，当你学会拒绝消耗你的人……你会发现，你的生活就像刚刚做了大扫除一般，变得自由而明亮起来。

道理是这个道理，但有些人仍分不清哪些是需要拒绝的人或事，即使能分清，也因为舍不得或拉不下面子而采取了妥协。这正如你衣柜里那件花高价买来，却因为过时或不合身等原因，而从来没穿过的外套一样，你知道你该把它从衣柜里清理出去，却一直舍不得。

如果说我们明明知道应该把物品清理掉却没清理是因为舍不得，那么，那些消耗你的人或事，则是因为你拉不下面子，而没有被你清理掉。

比如你以前只用A牌子的护肤品，但某一天，你那个只有点头之交的同学突然做起了化妆品生意，当他亲自向你推销护肤品时，你会出于情面或碍于面子，买下一堆你根本就不会用的护肤品。

比如你正在搞一项艺术创作，你的好友或亲人或同事打电话，发QQ、微信与你聊一些你压根儿不感兴趣的事。你多想对方快点儿结束话题，因为艺术创作有时就是那么奇妙，灵感的迸发就在一瞬间，一旦你没有及时抓住，它就会消失不见。但是，对方在你给予暗示后，也没有停下来的意思，你是否因为拉不下面子，还在与对方继续？

再比如，你已经计划好周末去泡温泉，或是宅在家里看一天书，或是逛街购物，但你的某个亲戚或好友突然登门拜访，或者他有什么事，需要你帮忙等等这些让你心不甘情不愿却又不好拒绝的人和事，是不是经常在你身边发生？

为什么你不能或直接或委婉地拒绝他们呢？因为拉不下脸面。

民间流传一句话，“死要面子，活受罪”。大意是说，我们中国人可以为了脸面而忍辱负重。宁可自己吃大亏、吃闷亏也要在面子上过得去。似乎这样就能使自己有尊严，被人看得起。其实，这样做会使人不得不放弃一些为人处世需要坚守的原则。

失去原则得到的面子可以说是一文不值。

那么，为什么要继续答应呢？因为人都有心理定势，认为拒绝表示漠不关心，甚至自私，害怕令别人灰心。此外，还害怕被讨厌、批评，损害友情。有趣的是，拒绝的能力与自信紧密联系。缺乏自信和自尊的人常常为拒绝别人而感到不安，而且有觉得别人的需求比自己更重要的倾向。从心理层面可判断，不懂得适时拒绝的人缺乏自信。

另一方面，童年的影响也很关键。很多人从小就已形成信念，如我只有顺从和帮助别人，才能变得可爱，才够朋友。正是由于觉得自己要成为一个取悦别人的人，他的自我价值就会体现在为别人做事上。这样就会形成恶性循环，使得周围的人都希望其随时随地在他们身边，为他们服务。

当然，这些该拒绝掉的消耗你的人和事也不仅仅来自于外部，还有你自己给自己制造出来的。比如把该用来学习的时间用来看手机了；把该用来与伴侣沟通的时间用来玩游戏了；把该用来陪伴亲人的时间用来加班挣钱了……

因为不懂拒绝，我们的生活往往身不由己地陷入一团混乱。该想一想你到底想过什么样的人生了。然后，顺着你的这条主线往前走，把不必要的杂线和打扰到你的花花草草尽量清理掉！

为了一点满足感，没必要委曲求全

周姑娘是大龄女青年，长相不出众，性情也不温柔，单身多年后居然交了一个海归博士男友。男友一回国，就在武汉一家德资公司工作，还是中层管理干部，年薪据说30万元。这个收入对于武汉这样的城市，对于刚参加工作的人来说相当高了。对于一直都是普通工薪阶层，最高一个月拿7000元工资的周姑娘来说，更是高得不能再高了。

周姑娘有一个表面上与她走得很近，但私底下隔着肚皮的姐妹——林姐姐。俩人当年是高中同学，后来林姐姐读了名牌大学，毕业后进了一家事业单位。周姑娘勉强读了一个“水货大学”，毕业后到处投简历。后来她遇到了现在的男朋友，不知道林姐姐是心里看不得别人过得比她好，还是觉得周姑娘这种没长相、没学历的人，压根儿就不应该获得幸福，总是明里暗里嘲笑周姑娘。

听周姑娘说她男朋友年薪30万元，林姐姐阴阳怪气地说：“男朋友工资高好啊，工作几年就能全款买房了。不像我们家吴飞（林姐姐老公），说是当了局长，买房还得贷款。而且他比较任性，我们结婚时买的空调、冰箱，没用几年，都还好好的。他说搬新家了，得换新的。换就换呗，吴飞非得换个韩国三星的，一个冰箱两万多元呢……”

周姑娘一听，就知道这姐妹是变相说自己老公会挣钱，家里又买房了。同时也是暗示自己，男人赚再多的钱，舍不得花在自己女朋友身上或者在他们的未来上有打算，那也不是真爱。于是，周姑娘说：“我们接触时间不长，还没到谈买房子的时间。不过，我们刚认识第三天，他就送我一套兰寇护肤品。花了一万元呢！我赚得那点儿钱，哪舍得用这么贵的护肤品啊！”周姑娘扳回一局，笑得特别开心，因为林姐姐前段时间和自己聊玉兰油在做活动，她刚买了一套。

为了比谁的男人更能挣钱，更舍得给自己女人花钱，过了一段时间，林姐姐又背了一个两千多元的包出现在周姑娘面前。周姑娘不想看林姐姐那种瞧不起人的眼神，于是换了一条几千元的围巾来挣回面子。

这两个普通收入的女人，一直过着省吃俭用的生活。现在却比着买名牌。以前 8 元一斤的苹果都嫌贵，现在居然用上万元的包了！

林姐姐的那些行头是否真是老公给置办的，周姑娘不知道，但她知道除了那套兰寇护肤品是男友送的外，其他的包啊、鞋啊、围巾啊都是自己掏腰包买的。男友年薪确实是 30 万元，但扣除社保、公积金等杂项后，每个月也就两万元多点儿工资。而且刚参加工作，没有什么积蓄，再加上性格沉稳，并不像小年轻为了追求姑娘，不掂量自己腰包里能掏出几分钱就打肿脸充胖子为女友买昂贵礼物。

经过一段时间的相处，男友说自己的父母想见周姑娘，邀请她去家里吃饭。

周姑娘心里明白这次见面意味着什么，自然要给男友父母准备礼物。此时周姑娘才发现，自己连给男友父母买礼物的钱都没有了。好在，她从同事那儿借了点儿钱，才把这一关过了。

经过这件事后，周姑娘想明白了，为了一点儿满足感，一点儿虚荣心，把自己的老本都掏空，实在得不偿失。所以，当林姐姐又一次在周姑娘面前炫耀老公给她买的高档时装时，周姑娘大肆渲染地把衣服夸了一番，说林姐姐穿得如何如何好看，如何如何提升了气质。接着又夸吴飞，说这样的男人如何如何不多见……然后话锋一转，说："你猜猜我这件衣服多少钱？"

林姐姐一听，使劲往高猜。

最后，周姑娘哈哈大笑："我和你说啊，我发现我男朋友之前给我买的那些几千元一件的衣服，穿着并没有这件几百元的衣服舒服！这衣服啊，真不是贵就好，穿着舒服、合适才是最好的。”

一句话，面子里子都有了。

周姑娘先是夸了林姐姐，承认她穿名牌好看，老公对她也好。话题再一转，表明自己也是穿过男友送的高档服装的人，说明男友是对自己好，舍得为自己花钱的人。只是，现在我更喜欢穿便宜服装，不是男友舍不得钱不给我买，是因为我穿这种衣服更舒服。

这样一来，不管下次林姐姐是继续在周姑娘面前炫耀高价位的衣物，还是与周姑娘一样，穿回过去的衣物档次，周姑娘都不会在林姐姐面前有不好意思的感觉了。

这只是生活中的一个小插曲，但这种为了面子，为了虚荣心或满足感，而让自己委曲求全的事却时时刻刻在我们身上发生。

比如生活中，你同寝室的姐们儿夸你几句，说遇到你是她这辈子最大的福气，她换下来的衣服，你经常主动帮她洗。

也许你之前确实顺手帮她洗过一两次衣服，但真的只是顺手，听了她的话后，你觉得你的付出似乎得到了承认，看到她换下来的衣服，如果不主动给她洗，好像还有罪恶感了。但是，你真的不想给她洗啊！

当我们对一个小孩子说："某某，帮我倒杯水。"这个被称做某某的孩子未必会去倒。但当你说："我们家某宝可懂事了，只要我看一眼杯子，他就会给我倒一杯水。"此时的孩子听了，是不是马上给你倒水了？这和你在生活中、工作中被朋友、被领导或同事一夸奖，就把该做的不该做的都做了的道理是一样的。孩子倒水满心欢喜。而你做那些事，一次两次也许还好，多了，肯定心生怨言与委屈。

那么，这些委屈是谁造成的呢？真的是那些夸你的朋友或同事吗？我想，你一定明白这些委屈都是你自己给自己找的。

事实上，你用你的付出换回了别人的认可，这是交易。

如果你觉得交易公平，或者你乐在其中，你大可继续下去。如果你觉得委屈，那就是认为这种交易不公平、不正确。既然是不公平的交易，那你为什么还继续做下去呢？你应该学学前面的周姑娘，及时止损，才不至于让自己继续受委屈哦！

比如洗衣服那件事，你大可以夸回去：“我哪有你说得那么好，上次你帮我洗了一次（她帮过的任何事你都可以拿来说），我还你人情呢。”或者说：“你把我想得太好了，我这叫以小博大，这次我帮你洗T恤，是指望你下次帮我洗牛仔裤呢！”总之，你不为对方的那点儿好话而心生被认可的满足感，一切都不是问题！

缺乏主见的人，从来都没有存在感

我想你肯定认识这样的人，当 A 说苹果应该削皮吃，因为苹果皮上的农药很难洗干净，不削皮，会把残留的农药吃到肚子里时，有人会说："你说得对，吃苹果应该削皮。"但当 B 告诉他，吃苹果不应该削皮，因为苹果的营养主要在皮上，如果觉得苹果皮有农药，多洗几次就行了时，这个人马上又会说："你说得对，吃苹果确实应该连皮一起吃。"

这种场景是不是很常见？

这种人似乎被称为老好人。

比如甲说个子矮的姑娘不应该穿长裙，会显得更矮；乙说，个子矮的姑娘穿修身长裙很显高，当他们去征求某人意见的时候，面对甲他会说，个子矮的姑娘确实不能穿太长的裙子；面对乙他会说，个子矮的姑娘穿修身长裙挺显高的。当经理甲说，公司业务不景气，我们应该裁人；经理乙说，公司不景气应该从自身找原因，做好服务提高质量，而不是裁人。我们这位老好人又开始两边赞同了……貌似他谁也没得罪，但事实上会怎样？

事实上我们都会不喜欢他，甚至会讨厌他，谁也不会去征求他的意见了，久而久之，我们压根儿就忘记了他的存在。

也许你认为我说的严重了，我们中国人最讲究中庸，虽然时代不同了，人们开始强调个性，但中庸的人还大量存在，且是生存不错的一批人。

他们是否大量存在，我没调查过。是否都生存的不错？我个人觉得不太可能。

首先，缺乏主见的人，并不是我们老祖宗说的那种老好人。

那种老好人深谙中庸之道，但他们只是做到两边都不得罪，并非两边都不给出意见，一味附和。更不会蠢到让持有两种不同观点的人知道他对双方的态度。在大多数情况下，他们只是保持了中立。中立，也是一种态度，而非没有给出意见。

但是我所说的这种老好人，是自以为是的老好人，实际上，他们是缺乏主见，没有个性的人。这种人，无论在朋友圈还是在工作单位，都不讨人喜欢，都不会有存在感。

举一个很简单的例子你就会明白，假如你是老板，需要征集某个新方案，当你把要求说了后，你的下属不管说的在理或不在理，只要是有建设性的意见，你都会对这个人有印象。相反，当有人提出向左，某人附和着说向左不错；当有人提出向右，那个人又附和着说向右不错，这样的人会给你留下印象吗？同样的，他也不会给同事们留下印象，久而久之，大家似乎都忘了他的存在了，他又哪里来的存在感呢？

或许你天性不是爱出风头的人，或许你天性不是喜欢被别人关注的人，但这和有没有存在感完全不是一个概念。不管你爱不爱出风头，你的存在感，在工作中是你岗位存在的必要；在生活中，是你作为妻子、丈夫、父母或子女存在的必要。否则，这世上并不缺少一个你了！

那么，如何增加你的存在感呢？在他人向你征求意见时，小到穿红色好看还是黑色好看，大到公司下一步是否上市，你都应该给出建议。不管这个建议是否被对方接受，至少，你尊重了别人对你的提问，这也是一种教养。

试想，你的哥们儿经过一番思考，下不了决心是去签了的公司报到，还是去收到录取通知书的大学继续读研而向你征求意见时，你简简单单地应付说："都行，随便你怎么选我都觉得不错。"如果这样说，他肯定会说："算是白问了。"

你的这句话可以说，而且很有必要说，但应该在你给出意见之后说。

你可以这样给你的哥们分析：如果签了协议的公司，是他所向往的公司，而且薪资待遇及上升空间都不错，建议他先去工作，因为学习的最终目的，是要拥有一份自己喜欢的工作。如果这家公司并没有这么好，也不是你哥们所向往的公司或岗位，那你可以建议他继续读研，然后毕业后签一个更好的公司。最后，才是你那句话的落脚点："当然，这些只是我的建议，最终的选择还得你自己决定。"我想，他听了你的分析后，会思考你说的话，然后做一个有利的选择。

除了附和别人的说法，还有几种情况也是缺乏主见的表现，比如别人说。当你问他意见的时候，他也许会给出一个意见，但这个意见不是他自己的而是别人的。他会说，张三说这样好或者李四说那样不好。比如差不多。当你问他是选A还是选B时，他会说都差不多。什么是差不多？死人和睡着的活人看上去也差不多，除了一口气。但他们能一样吗？

中庸的时代已经过去了，况且你那种态度也不叫中庸，那只是缺乏主见。活鱼逆流而上，鱼死随波逐流。拿出你的个性来，拿出你的见解来，让别人注视到你的存在，而非淹没在人流中，仿佛从来没有活过一样。

你就是吃了不会拒绝的亏

有一次，单位组织公派培训。这种机会大家都喜欢参加，公款学习拿资格证，还不被领导吩咐做事，这种好事谁不愿意参加啊。

我们这些在单位总部工作的老员工几乎都参加过培训，所以领导把机会分配给分部的工作人员，并让我收集人员资料。

这时，一个新招来在总部工作还不满三个月的小姑娘找到我，说她也想参加这次培训，问我能不能报名。

我笑着说我不是她的领导，报名的事我说了不算，得问老总。

小姑娘高兴地说：“好，我去问老总。”

看着小姑娘从我办公室离开，我想，老总不会同意吧？

一会儿，小姑娘又进来了，高高兴兴地对我说：“王老师，老总同意了，您帮我把名报上啊！”

我非常意外，这段时间公司活儿挺多的，而且她才来两个多月……看着小姑娘欢快离开的背影，我不禁想起我刚参加工作的情景。

我刚参加工作不久，单位来了一位副经理，女性，五十多岁，严肃，脾气不好。在我们与其打交道的过程中，发现她不好说话，一言不和就批评人。一般情况下，我们尽量不去“麻烦”她，而她似乎也很乐于在她的独立办公室里待着。

这个新经理有个爱好，喜欢听音乐。这本来是一个无所谓的个人爱好。问题是她听音乐不用耳机，而是用电脑音箱外放。也不知道是不是她听力有问题，还喜欢把声音调得很高，这让人难以忍受。好在我没有午休的习惯，受影响程度不是特别大，但习惯午休的同事就很头疼了。我经常听到他们私下抱怨这位副经理太不注意影响，一点儿都不顾及别人的感受。问题是，没有人直接给这位副经理提意见。

现在想想今天这位勇于表达自己的小姑娘，我在想为什么我刚参加工作那会儿没有人给那位外放音乐的副经理提意见呢？是怕她脾气不好挨批？还是因为她是领导而不敢提意见？事实上，只要委婉地表达出我们的意见，那位副经理不会不答应或因此而故意为难提意见者吧？

我想，这应该是我们还没有学会向别人表达自己的意愿，表达需求，总是怕被别人拒绝，怕自己在别人眼里变得与众不同，从而让自己吃了不会拒绝的亏吧。

这让我想起一件发生在某同事身上的事。

我的这位同事是一位没上进心的中年男性，夫妻双方都有一份还算稳定但薪水不高的工作，有一个上中学的孩子，一套房，还有一辆十多万元的车。我的这位同事属于平凡大众里最不起眼的那一种人，在工作上无功无过，在领导面前也不多巴结讨好，在同事面前也不踩不踏。

这位同事某一天迟到了。我这位同事有一个坚持了十几年的优点：几乎不迟到早退，这种优点在他买了车后更是发挥到极致——在我印象中，他自从有了车就没迟到过。

他迟到了，其实也不是一件不正常的事，可无巧不成书，他迟到的这天早上，领导找他有点儿事。

领导看到这位同事没来，什么也没说，走了。大概过了十多分钟，领导又来了一次，可这位同事还没来，领导有点儿奇怪，说："咦，某某今天怎么还没来，他可不是迟到的人，该不会出什么事了吧？"领导这么一说，我们也觉得奇怪，猜测他是不是在路上堵车了。

半个小时后，这位同事终于出现了，满头大汗。

不等我们问，他自己说出了迟到的原因，原来他的车被亲戚借走了。他忘了重新调整起床时间，然后又迟迟打不到车，最后只好挤公交，所以……

这是一件很平常的小事，很快就被我们忘了。

过了几个月，某天因为某个话题，我的这位同事发起了牢骚，说他的表弟找他借了两次车，每次借车之前，他都特意洗了车且加满了油才借给表弟，表弟不按约定时间还车，还回来的车不洗、不加油也就罢了，最关键他还闯红灯……

十几年的同事关系，我对这位同事还是蛮了解的，他不仅在工作中中规中矩，在生活中也是，他开车以来几乎就没违章过……

同事还说表弟借了两次车，他交罚款、找别人帮忙销分（他驾照的 12 分不够扣），前前后后花了将近 3000 元！当他把这件事说给表弟听时，表弟居然打哈哈说对不起，压根儿就没想着自己要承担什么！还说明天再借一下车。

听到这里，我插了句话："你还借他车啊？"

同事有些无奈，说："我怎么可能想借啊！但他是我亲小姨的儿子，小时候小姨对我特别好，每到放假我就到他们家住一段时间，你说，我怎么开得了口拒绝借车？"

我叹了口气，说："有些事总得拉下脸面做才行。如果你表弟仅仅是不洗车、不加油甚至是普通违章也就罢了，但闯红灯多危险啊！万一出了交通事故怎么办？你说你碍于亲戚这层面子，不好开口拒绝。但真出了人死车翻的大事故，你们之间还有面子吗？"

也许我说得这番话触动了同事，也许同事打心眼里不想再借车给表弟，他居然真的拿起手机，找了一个他必须要用车的理由拒绝了表弟。

生活中，我们总是会遇到拉不下脸面开口拒绝的事。比如开头所说的例子，只是提一个小小的要求；或者是我同事这种需要正儿八经地说"不"的事情；亦或是其他需要你帮忙的事情等等。有时候，对于你不愿意做的事情，你的不好意思实际上不是维护了你们之间的面子与情感，而是为难了你自己！

别小看自己，也别高估别人

如果我对你说，不要小看自己。你肯定会说，我从来没小看过自己，自己还小看自己，这不是傻啊？但如果我说，你肯定说过这件事我不行，那件事我不会做的话。你不会否认吧？

当你认为你不行的时候，其实就是在小看自己。

你若说某某事我不会做，但其对于某某人来说就是小菜一碟，那你不仅小看了自己，还高估了别人。

当然，人也不能盲目自信，认为自己什么都行，知道自已有所能也有所不能是理智的行为，但是，有时我们也会被自己误导。

这种误导或许来源于某次失误，或许来源于某件事的打击，或者是某个人的不认可……于是，你会在某方面失去信心。

我先说一个旧邻居的事儿。

我的这个旧邻居是一对姐妹，姐妹俩都是学习好、长得漂亮在校期间很受瞩目的人。

姐妹俩的性格有相似之处，都属于好强且不安于现状的人。在外人看来，她们都有不安于现状的实力，都是情商智商双高的人。

毕业后，姐姐在一家小学当老师，正式编制。妹妹考取了公务员，待遇也不错。

姐姐比妹妹大两岁，当了三年小学老师后，她觉得两点一线围着孩子转，到月底拿着饿不死也撑不死的工资，不是她想要的。正在蠢蠢欲动时，家里开始给她张罗对象了，男性大多是教育人员或公务员。姐姐相了几次亲，发现这些男性有一个共性——安于现状。即便有男人有向上的念头，但还是在本单位、本行业里努力。想到自己的父母正是那种有一份安稳的工作，一辈子囿于一个小地方几十年如一日的人，她毅然拒绝亲朋介绍的相亲对象，辞职自己创业。

关于姐姐拒绝亲朋介绍相亲对象的事，父母没怎么反对。但对于她辞去教师编制一事却大加反对。说女孩子创什么业，有一份稳定的工作，再嫁一个人品不错的男人是最理想的归宿。你这样的人不被人骗就不错了，还想发财，你以为你是黄彬彬（我的另外一个邻居）啊？人家家里有关系，才能做生意发财……

最初几年父母与姐姐闹到互不来往的地步。

据我所知妹妹也有辞职的想法，但不知道是不是姐姐与父母闹矛盾吓着了她，还是别的原因，最终没有辞职。

其实以父母的眼光来看，女孩子有一份安稳的工作，再嫁个人品不错的男人，没什么错，错在他们不了解自己的女儿，或者说他们小瞧了自己的女儿。

姐姐辞职后开了一个舞蹈培训班，事实证明，姐姐非常有头脑，三十几岁已经资产上千万了。

妹妹听从父母的话继续做公务员，嫁给了同是公务员的老公。可是当妹妹家里要做买房、买车、养孩子等等一系列与钱有关的事时，她就无比羡慕已经成为富人的姐姐。

姐姐知道妹妹的想法后，主动对妹妹说：“你也辞职吧，先到我们培训学校学习一段时间，以你的聪明才智，半年就学有所成，然后我出资入股，你也开一家培训学校。”

妹妹不知道是被岁月磨平了棱角，还是被父母教育变得胆小了，总觉得自己这些年在公务部门待惯了，不会做生意，也怕和人打交道……总之，妹妹目前还在那个公务部门工作。

讲完这对姐妹俩的故事，再讲讲我文友的故事。

作者不管是写什么的，都有一个共同的向往——出一本属于自己的书。

我有一个文友，一直想出一本属于自己的书。

某天，出版方给我发来一个选题，想约我写。由于某种原因，我不想接这个选题。但我知道，这个选题一直想出书的文友能写得来，于是我私下问他想不想接这个选题。

我以为他肯定会一口答应，却没想到他说："接选题啊，我又不是你，我怕我写不出来。"

我很惊讶，于是问："你不是一直想出书吗？不接选题怎么出书？或者你自己有选题也可以写啊。"

事实上，他没有自己的选题。于是我劝他接下这个选题。我知道，以他的能力完全能胜任，但他还是以自己没经验，写不好为由拒绝了。

我不知道他拒绝的原因是不是他说的那样，但我总是在想，没有人天生就会做某件事的。每个人都要经历一个从不会到会的过程，只要是你工作范围内的事儿，就压根儿不存在我又不是你，我不会做的话。否则，你又是如何胜任你的工作的呢？

同理，在职场中，有时老板会安排以前属于你上司的工作给你，或者安排一个难度较大的工作给你。除非你压根儿没有上进心，否则，你就不要用你不是某某某不会做某事而搪塞拒绝。老板都不是傻子，他们选择你做这件事，也许早就知道你能胜任这方面的工作，或者是给你一个锻炼的机会。如果你认为自己不会做，或认为拿多少钱做多少事，不属于自己的事不做而拒绝了老板，是不是把你的机会也拒之门外了？

当然，不排除少数没才能与远见的老板，把员工当低能仆人用的，但这样的老板真的很少，把自己看得很低，把别人看得很高的人，倒是挺多。

这个世界谁也不欠你，你也不欠谁

回家，进电梯。

一同进来的还有三个人，一对年轻男女，一个看上去四十多岁的中年妇女，听她和女孩交谈，应该是年轻女孩的长辈。

中年妇女问女孩：“你们家房子装修得怎么样了？你婆婆有没有帮忙（指装修方面）？”

女孩拉长音说：“她呀——可会享福了，给了我们装修款后，一次都没来过，也从来没问过。你说她现在都退休了，身体又好，这样像话吗？”

妇女说：“你婆婆真够奇葩的了。”

女孩道：“岂止是奇葩，简直是奇葩……”后面女孩还说了一大堆话，我听不见了，因为他们下了电梯。在这个过程中，年轻男性始终没有说一个字，所以我不好判定他和女孩的关系。

电梯门关上后，我长叹一口气：“天哪，到底谁奇葩？这两位女性(不管是母女还是其他什么关系)才真叫奇葩呢！”

从俩人简短的对话中可以听出来，女孩新房的装修款是婆婆给的。婆婆已经给了她不该承担的装修款了，你（女孩）居然还要人家奉献到底，把整个装修工程再负担起来吗？

是谁说婆婆就该出钱出力做牛做马的？

你自己的父母抚养你到成年，又把你养到大学毕业参加工作了，尚且可以说出：你今后的生活自己负责，我们不再管你的话。凭什么你又要求婆婆出钱还要出力帮你装修房子？

我想问那位姑娘你哪里来的理直气壮，婆婆是欠你的吗？

我们且不说婆婆的这份装修款该不该出，鉴于中国有中国特殊的国情，老人家也许只是为了儿子而出的这份钱，或是别的什么原因出的这份钱，但她凭什么还要为你照看整个装修工程呢？

从姑娘的思想来看，她的“三观”严重扭曲。她认为在中国，男人娶老婆，婆婆就得贡献一切。或许这位姑娘在自己家里时，她的父母就是一心为女儿作奉献的父母。而女儿从不心生感激，认为这是父母理所当然应该做的。

不管是出于什么原因，我想说的是，婚姻是你自己的事，你要为你的将来负责。至于长辈愿意给你一定的帮助，那是他们的事，而你的索要却非理所当然。当然，这种现象的形成，在中国并非个别现象，究其原因，是父母的教育出了问题。

我们再来看一个例子。

一个中年妇女蹲在门口洗衣服。搓洗几下后，停下手里的活儿，坐直了捶捶后腰，并咳嗽几声，满脸都是疲累。

这时，一个穿着破旧挽着裤脚的中年男人出现了。他对女人说：“你身体不好，不要自己洗衣服，不是已经买了洗衣机了吗？”

女人说：“你在工地给人搬砖，累死累活一个月才挣三千元，一个洗衣机花去好几千元，你说你买洗衣机干什么，丫头才读高中，以后用钱的地方多着呢。”

男人：“这不是你身体有病吗，买都买了又不能退回去，你就用呗。”

女人：“水、电不要钱啊？用洗衣机洗衣服多费钱，能省一点儿是一点儿。”

说到这里，女儿从外面飞奔回来了，她直统统地冲到父亲面前说：“爸，我要买手机。”

男人：“你不是有手机吗？”

女儿：“这是什么破手机啊，拿出去被同学笑话。张小红拿着她爸给她买的最新款苹果手机在我面前炫耀，我说给我看看她都不肯，说怕我摔坏了赔不起。太瞧不起人了，我也要买一个苹果手机！”

男人："一个苹果手机五六千，爸爸哪买得起？要不给你买个其他牌子的手机，两千多元的好不好？"

"不行，我就要苹果手机！"

在与女儿几番交谈商量后，女儿抛出一句话："你们这么穷结什么婚，生什么孩子？真是害人性命！告诉你们，三天之内不把最新款的苹果手机买来，我就去死！"说完，女儿跑了。

男人与女人对望一眼，欲哭无泪。最后，男人叹了口气说："我去问问老张，看看他能不能给我预支两个月的工资。"

……

在我们都在批判这个女孩不知感恩，虚荣、无知的同时，作为女孩的父母，他们合格了吗？

因为他们的教育出了严重的问题才导致女儿如此跋扈、虚荣，也是他们一味地满足女儿的要求，才让女儿的气焰一次比一次嚣张……这一切，难道不是这对父母亲手造成的吗？

在这世界上，每个人都是一个独立的个体。父母是给你生命的人，也确实应该给予你一定的抚养与教育，但他们绝对不欠你的，任你一味索求。同样，作为父母，你的孩子不是你的债主，该付出的你付出，比如养育与教育，但并是无限度地满足他们。

延伸到社会，这就更没有人欠你了。

比如甲对乙说："上次，我表姐单位招文员，招聘恰好由她负责。而我姑娘正好在找工作，也是学文秘的，一个女孩子，当个文员挺好的，你说，她把我姑娘安排进去是一件多简单的事啊？人家倒好，说我姑娘不满足要求，硬是没要。"

乙连忙接话："你这件事好歹是给女儿安排工作，算大事。我表哥才有意思呢，他和我住同一个小区，平时我也没什么求他的。那天，我儿子起晚了，搭公交上学要迟到，那个点又不好拦车，于是我让我表哥开车送一下孩子。他说他要去机场接领导，不顺路。你说，我又不是不讲道理，他领导十点到，我给他打电话的时候才七点半，从咱们这开车到机场一个小时足够了，你说他帮我送一下儿子不是应该的吗……”

这样的场景是不是很熟悉？

是的，生活中很多时候，你认为也许根本就不算事的事，人家给你帮个忙，也只是举手之劳，但他偏就不帮。然后你就会抱怨这个人真不能交……

中国虽说是法制社会，但在几千年封建传统的影响下，人们还存在很多老观念：喜欢讲人情。孰不知，人家帮你是情分，不帮是本分，谁也不欠你，你也不欠谁。

拒绝路人甲的烂好心

儿子很小的时候，我就比较注重培养他的动手能力，比如自己学着吃饭、自己学着穿衣服、自己学着擦屁屁，甚至我会教他自己打水洗脚，帮妈妈扫地等。

当时我家里没有老人帮忙，孩子的爸爸也因为工作关系长年在外，家里基本上就是我和儿子两个人。所以，儿子对我教他的这些东西不但不反感，还学得挺快的。

记得儿子三四岁时，我就教儿子自己穿衣服，夏天的衣服少，穿起来也简单，也不怕他因为穿衣服速度慢而着凉。

所以，从那年夏天开始，儿子一直是自己穿衣服，不管是需要扣扣子的开衫，还是不需要扣扣子的套头衫，他都会穿了。

到了冬天，因为穿得多的原因，再加上小孩子胳膊短，穿衣服有些费劲，儿子偶尔会耍赖让我帮他穿。但我一般只帮他穿大外套，因为里面的衣服他穿起来并不费力，只有穿厚厚的大外套时，才因为穿得多而有些费力。

两三次后，儿子也摸索出了套路，知道哪些衣服得自己穿，哪些衣服妈妈可能会帮忙穿。

所以，儿子基本上没耍赖让我帮他穿一些该他自己穿的衣服，即使偶尔有，我只要说一句："里面的衣服自己穿，否则冻感冒了去打针。"儿子怕打针多半都穿了，直到父母到我这里来小住。

父母到我这里来小住的第二天早晨，我喊儿子起床后，就去厨房忙着给父母做早餐了，我知道儿子会自己穿好衣服。

但是让我没想到的是，那天儿子耍起赖了，人是坐起来了，却不肯自己穿毛衣里面的衣服，而是在那儿一个劲儿地叫“妈妈帮我穿衣服，妈妈帮我穿衣服。”

我曾说过，这种现象偶尔会有。但只要我说“冻感冒了会打针”他就自己穿衣服了。

那天，我还是那样说的。

只是这次没管用。

儿子还是坐在被窝里喊着：“妈妈帮我穿衣服，妈妈帮我穿衣服。”

要知道，他坐起来时整个后背是没有被子盖的。武汉的冬天不是一般的冷，他磨蹭时间长了还不穿衣服，真会冻感冒，于是我的声音难免严厉起来，嗓门也不自觉提高了，“自己穿，妈妈在做饭。”

此时，我妈从房间里走了出来，一边往儿子的卧室走，一边对我说：“哪有你这么当妈的，这么年龄小的孩子哪会自己穿衣服，当心冻着。”

我对我妈说：“妈，你别管他，他会自己穿，今儿个偷懒呢。”但我这样说也没强制性阻止我妈给我儿子穿衣服。

吃早餐的时候，我教训了儿子，说他不该让别人帮他穿自己会穿的衣服。儿子保证得也挺好，说明天一定自己穿。不成想，第二天，儿子又故伎重演，还是坐在那里不肯自己穿衣服。

这次我真生气了。很不客气地吼了儿子几声。儿子开始哭了起来，却还是不肯自己动手穿衣服。于是，我妈又跑了过去，帮外孙把衣服穿上。

事后，我对我妈说，不要帮孩子穿衣服，你把他惯坏了，他将来就不肯自己穿衣服了。

我妈却说，不肯自己穿就不自己穿，才多大点儿的孩子，我帮他穿又累不死。你不帮他穿，我帮他穿。

我听了真心火大，但是面前的人是我妈，我只能保持沉默。

事实上，我妈在我这住的那几天，她老人家好像故意跟我赌气似的，只要一听我喊儿子起床，不管自己起没起床都从床上爬下来，披件棉袄就走进儿子的卧室，然后嘴里还念叨着："来，姥姥帮我的大外孙穿衣服。"

要知道，小孩子是天底下最会观言察色的。他现在压根儿都不坐起来了，就躺在被窝里等我妈帮他把衣服穿好，才下床……

还不止这些，儿子一直独立吃饭的习惯，也在我父母在我这儿小住的时间里被惯坏了，他们经常端着碗跟在儿子屁股后面求他吃一口饭。我苦口婆心地说："妈，你别喂他吃饭。他不想吃就不吃，真饿了他自然会自己过来吃的。"

但我妈又说："小孩子正是长身体的时候，哪能让他饿着，真没见过你这样当妈的！"

弄得好像我这个亲妈，生儿子就是为了虐待他似的！

好在，我妈在我这里住的时间不长，大概一周左右，他们就离开了。

但是儿子自己吃饭及穿衣的习惯，又让我强调了好些时日才纠正过来，为此，他还挨过几次吼。

很多中国老人都和我的父母有类似的毛病，他们总认为孩子还小，不会做这个，不会做那个，需要由大人代劳。殊不知，你不教他做，或者你不给机会让他去做，他当然不会做啊！

如果只是生活中的小事，随着年龄的增长，他迟早会自己做，比如穿衣吃饭等，但有些事情，一旦养成“这是父母的事”的惯性，他一辈子可能就真不会做了，比如做饭、洗衣、收拾房间等。

我们都知道这样的道理，小鸡在出生时，是由它自己用喙把蛋壳啄破然后再自己从壳里爬出来，这样它才能成长为一只健康的小鸡。如果是你在它没有把蛋壳啄破之前，帮它把蛋壳敲碎，那么即使它当时是活的，也养不成大鸡，过不了多久就会夭折。

为什么同样的道理用在小动物身上我们都懂，但一旦用到自己最亲、最爱的人身上，反倒不懂了呢？

老话说得好，“惯就是害”，因为你不能理智地对待自己泛滥的爱心，不能控制住自己因担心孩子做不好而一次次去伸手……你们的代劳，你们的烂好心，恰恰害了你最亲、最爱的人。所以我们在面对路人甲的烂好心时，一定要学会拒绝。

3

CHAPTER

你的人生要自导自演，莫做任人摆布的木偶

用苦劳换功劳，是最失败的成果

因为某些原因，杨钊所在的公司要裁员。让他没想到的是，作为公司的老员工、小领导，他居然是第一批被裁掉的。

这让杨钊除了意外之外，还非常气愤。

于是，就像我们在所有电视剧里听到的台词一样，杨钊在推开大领导办公室门的时候，也说了这句话：“我在公司工作了十几年，没有功劳也有苦劳，你不开除张帷、苏兰兰这些小年轻，把我开了？我现在上有老下有小，不工作你让我们一家喝西北风啊？”

老总解释说裁员名单不是他决定的，而是经过董事会讨论决定的。至于为什么被开的是杨钊，原因很简单，公司要经营，就需要员工为它工作，同时，公司给员工相应的报酬，这是一种交易，也可以说是一种买卖。但现在的问题是，公司经营年限长了，出现人浮于事的现象。也就是说，公司以前养了很多只拿钱不做事或做很少事的员工，现在，公司不做这种不平等的买卖了。

听完老总的解释杨钊火更大，他说："你说我不做事？某某企划书是我做的吧？为了做这份企划书我加了多少班？熬了多少夜？为此老婆没少跟我闹。是，企划最后没通过，但没有功劳也有苦劳吧？你看看张帷，每天从这个办公室窜到那个办公室，到点就下班，一分钟都不多待。还有那个苏兰兰，一次周六，我打电话让她查一个资料，她居然说现在是她的休息时间，周一再说。您要是问我什么事，我不知道的，我是不是马上跑公司查清楚了回报您？您说公司效益不好要裁人，不养闲人，我理解。那张帷和苏兰兰您怎么不先裁了？”

老总听杨钊这么说，也把话说开了：“你刚才说某某企划书是你做的，你加了多少班，熬了多少夜，最后没能过，有苦劳。那我问你，最后通过的企划书是谁做的？是张帷！张帷用了多长时间？两个半天！你用了多少时间？10天！这说明了什么？要么说明你能力不足，要么说明你业务不精！加班、熬夜难道就是成绩？就是给公司创收？错了，不管是什么公司，什么工作，没有人看你做的过程，人家只要结果。你的结果是：花10天做的企划书没有人家花两个半天做出来的好！张帷跟你相比是不是节约了8天时间？

先不说你的企划书没通过，就算通过了，这10天，你是不是只做了企划书这一件事？张帷呢？他用两个半天做完你10天做的事，剩下的8天他什么事也没做吗？为什么你只看到人家从这个办公室窜到那个办公室，从来不加班，你却看不到人家的成绩呢？

苏兰兰也一样，她在工作时间就高效保质地完成了自己的工作，为什么要为你的事情来浪费她的休息时间呢？苦劳不等于功劳，你苦做的结果只是感动了你自己，真正有能力的人从来都是拿业绩说话。”

老总的话说完了，杨钊也灰溜溜地离开了。

其实生活中像杨钊这种总是拿苦劳换功劳的人很多，他们看不清自己的错误在哪儿，分不清工作或生活的主次在哪里，还总是抱怨这个社会对他们不公。

比如奉献型的妻子或母亲。她们的特点是见不得家里有一点点儿脏乱，把每天的时间都放在擦洗各种锅、酱油瓶、油壶、灶台、地板、拆洗纱窗、床铺、以及收拾书房、卧室等等琐事上。而把陪孩子玩耍、陪老公或父母聊天或者自我学习与成长，当成不需要做的事情。

若你的孩子或亲人不介意你陪他们还好，若你做了那么多家务不抱怨也还好。但事实是，他们需要你的陪伴，而你也不愿意做累死累活的保姆。于是，你会抱怨，抱怨他们为什么不帮你做事，抱怨他们为什么不把换下的鞋子收到鞋柜里……最后的结果可能是子不亲，夫不爱，你还觉得你是为这个家做了最大贡献的老黄牛！

用苦劳换功劳，是最失败的成果。

比如在社会中打拼的年轻人，他们分不清生活的重点是什么，把精力花在一些细节性的小事上。如我认识一个女孩，很爱学习、很用功脚踏实地的那种女孩，在所有人看来，这样的女孩至少在事业上应该是有所成就的。但三十多岁了，她还在东跳西跳没有稳定下来。

后来我才知道，这个女孩确实爱学习也爱专研。比如她在网上买了个浴霸，不包安装。她不去找电工，而是自己研究怎么装，为此她还去看电路图，重新学习并串联。同样的，手机坏了，她不拿去维修，或者买一个，而是自己拆下来研究，又买了好多电子专业的书籍回来……总之，这孩子挺牛的，居然自己把这些事都解决了。但我觉得，她活得有点儿傻。

没有什么人是全能型人才，什么事都会。遇到自己解决不了的事找专业人士解决就是了。自己去学习去解决，耗时耗力也就罢了，问题是你学的这些东西在将来并不是为你所用或为他人所用。

比如你当时为了修手机，学习与电子设备一些相关的知识，如果你今后从事与之有关的工作，就是为你所用了。或者，你干脆开一家手机维修店，就是为他人所用。

但这位姑娘学习那些东西，只为了修自己的手机，然后再也不用了（后果可能是以后自己再想修，又忘了，还得重新学）。那么这种耗时耗力的学习，是不是有点儿傻呢？

人的精力是有限的，把有限的精力用在次要的事情上，在主要的事情上自然就减少了精力。庸碌和忙碌的区别在于，你整天在忙的，到底是“紧急而不重要的事”还是“重要而不紧急的事”。工作抓住重点，才能以最短的时间创造最好的成绩；生活抓住重点，才能在有限的生命里，让你活得更精彩。比如修手机的姑娘，她如果把学习及刻苦精神放在专研一件她喜欢的事上，比如工作上的专业，比如业余爱好（写作、画画、健身、茶道）等，是不是她会活得更有成就，人生也将变得更有意义呢？

好好一姑娘，别让“你妹”毁了

今年上半年，我有幸参加了一个文化界大咖云集的文化活动。

活动间隙，很多人都在互相交谈，互相结识，互递名片。其间，我无意中注意到一个年轻男性。之所以注意到他，是因为他不仅个子高，而且相貌还很帅。问了旁边人，才知道他正是我喜欢的某公众号的作者，他还出了一本书，据说在年轻人中颇有口碑。于是，想去认识认识。

可是我慢了一步，当我动身走到他旁边的桌子时，已经有一个年纪比较长的男性正在和他聊着什么。只见年长男性伸手从口袋里掏出名片，双手给帅哥作者递上。当时帅哥作者与年长男性是相向而站的，帅哥作者的右手一直插在裤子口袋里。事实上，我走过去的时候并未注意到这个细节，只是知道帅哥作者是站着的。我注意到这个细节正是年长男性递上名片的时候，那时帅哥作者的右手居然还没有从口袋里抽出来，而是用左手的两根手指接过了年长男性递过来的名片……

当我看到这一幕后，立即返身回到自己的座位上。

当然，我并不能由此就判定这个帅哥作者一定是个吊儿郎当不懂尊重人的人，但他自身缺乏一些必要的教养肯定是真的。

后来我才知道，那个双手给他递名片的年长作者，居然是比帅哥作者名气大很多的文学作家。我想，这位年长且有名气的作家，双手给帅哥作者递上自己的名片，正是他个人修养的显见，与年轻作者单手接名片的模样形成了鲜明的对比。

我要去批评这个年轻作者吗？

想批评，却无从下嘴。

因为我知道，这是中国大环境下教育缺失造成的，而非这个年轻人不懂得尊重人。

一次，地铁上。

车到站时，上来三个打扮时髦且漂亮的姑娘。说实话，一个漂亮姑娘已经够吸引眼球了，何况三个漂亮姑娘。所以她们一上来就吸引了我的视线。恰好我对面还有两个空位，于是两个姑娘坐了下去，另外一个姑娘站着。

她们从上车时就一直在谈论着什么。她们谈的是什么，我没听清，也没必要去听。但从她们口里说出来的“你妹，你妹”一词，让人印象太深刻，跟她们漂亮的外形完全不搭配。

后来，其中一个姑娘问站着的姑娘：“换你坐一会儿？”

站着的姑娘说：“老子年纪又不大，不用你让（很明显这是句玩笑话）。”

坐着的姑娘说：“你妹呃，老子好心好意让你坐……”

站着的姑娘说：“你妹，老子不坐……”

反正就这么几句口水话，她们“你妹”来，“你妹”去了半天。旁边人都知道，不管是“老子”还是“你妹”都是她们友情深厚的一种表达方式，并不是互骂互掐之类的话，但这种话语从她们嘴里说出来，让旁边的人听着有种说不出来的不舒服的感觉。

而我也清楚地听到我旁边一个中年女人与她的同伴说：“现在的姑娘呀，怎么一点儿教养都没有，长得倒是蛮好看的。”她的同伴说：“要是我儿子给我找一个这样一张嘴就说‘老子’，‘你妹’的媳妇，看我不打断他的腿！”

说到这里，恰巧车又到站了，上来一个抱孩子的女人。

那个一直说要让坐位给自己同伴的女孩居然第一时间站了起来，把坐位让给了抱小孩的女人。

我有点儿意外，偷瞄了一眼站在我旁边的中年妇女，显然她们也很意外，有点儿面面相觑的意思。我想，她们大概与我一样，都觉得这么好的几个姑娘，怎么就让“你妹”给毁了。

一瞬间，我突然明白了，这几个女孩，大概与我那次参加文化活动遇到的帅哥作者一样，也许她们并不是真正意义上的吊儿郎当不懂得尊重人……我也没有因为她们的不礼貌就认为他们是流氓，是坏人，但他们给我们的第一印象是：这种不懂得尊重人的人，这种满口脏话的人，都是一些缺乏教养的人。

或许，中国目前家庭教育，在教养这一块儿有所缺失。

在这个“葛优瘫”流行的年代，我重提教养一词，似乎有点儿老古董的感觉。其实不然。你看那些从秀场发回来的明星照，你会发现，那些坐姿端装，后背挺直，双腿并拢或平放或两腿微微倾斜的女性，明显比大大咧咧往椅子深处一靠，或弯腰驼背，或跷着二朗腿的人舒服得多。

为何今年刘诗诗大婚时，最抢风头的不是美丽的新娘、伴娘而是刘诗诗的母亲？因为她优雅挺直的身姿让大家赏心悦目。

所以，不管你是男孩还是女孩，也不管你在家里或学校是否受过礼仪、教养方面的教育，只要你是个真心喜欢自己且热爱生活的人，就应该在成长的过程中，多学一点儿这方面的知识，尽可能地让别人觉得你是一个有教养的姑娘和小伙子。好好一个姑娘，别让“你妹”这样一个不得体词语毁了；好好一个小伙子，别让一个不得体举动毁了。

在有限的人生里活出无限的可能

刚子是我认识的活得最不羁的男人。

刚子没有固定工作，也没有固定女友，今年 39 岁。

我认识刚子的时候他还在读大二，专业是室内设计。

刚毕业那会儿他在一家大商场给入场专柜做设计，认识了一大堆在商场工作的漂亮姑娘。那个时候，刚子经常把姑娘带回家里见父母，用他爸的话说："今天带回一个黄头发的姑娘，明天带回一个红头发的姑娘。"总之一句话，他没定性，谈恋爱都是两三个月就换的那种人。

后来年龄再大一些，他就不往家里带姑娘了，也不和父母谈女朋友的事了，工作倒是换了一个又一个。

刚子工作换得频繁不是因为工作能力不强，恰好相反，挖他去自己公司工作的人特别多。也许正是由于自己工作好找，刚子从来都是不想干了就辞职。辞职了干什么呢？学习。

刚子的学习不是我们理解的那种上文化课的学习（比如考个研读个 MBA），而是报自己感兴趣的培训班。那几年我和刚子接触的比较多，据我所知他已经报过钢琴班、爵士舞班、国画班、心理咨询班，甚至连烹饪班、红酒品鉴班他都报过。

他每次报班之前都估量学习费用及生活费，所以等钱差不多花光了，他报的课也上完了，这些课上完后，他就再去找一份工作赚点儿钱，然后赚够钱了再报班。

我曾笑着问他：“你报这么多班，学这么多东西，是准备参加生活十项全能比赛吗？可惜，没有这项比赛哦。”

刚子笑着说：“我报那些班只是自己感兴趣，想学就报了。至于学了后是否为我所用并不重要。在我学习的过程中，它们给我带来了快乐，这已经足够了。人这一辈子，只有短暂的几十年，我学这么多东西，只是为了让自己的生活有无限的可能，我想尝试更多的活法。谁知道将来哪项技能能给我带来不一样的人生呢！”

现在的刚子报的班比以前少了，大概他感兴趣的东西都学过了吧。他现在开始尝试旅游、登山、跳伞、写游记、甚至开始作词找人填曲了。他还是不肯结婚，他说像他这种人压根儿不适合婚姻。他还说，生活如他这般充实的人，不知道孤独和寂寞是什么滋味，也不需要有人陪在身边。但他也并不是排斥感情的人，若某天让自己碰到一个性情相合，生活理念也接近的女性时，他愿意再开始一段爱情之旅，只是，一切都不用刻意。最后，他还说了一句挺诗意的话：一切都是最好的安排！

其实刚子的生活理念与生活态度我挺羡慕的，谁青春年少时不幻想自己是无所不能的超人，没有自己解决不了的难题。谁不幻想自己有不同于一般人的生活经历，做一个“有故事”的人。只是我们最终都流于世俗，过着按部就班的日子，延续着前人的生活轨迹。

当然，我说这些，并不是想说刚子的生活是对的，普通人的生活是错的。我只是想说，生活没有对错，也没有固定模式，只要是随心而发，那些别人看起来不走寻常路的生活也没什么不可追求的。前提是，你得有能力负担你的生活，你还得有能力为你将来有可能会孤独的晚年生活负责，这样就可以在有限的人生里活出无限的可能。

丢掉了人格，人生就不会再有起色

今天，有一位朋友和我讲了一件事儿，事情发生在她打工的餐馆。

这件事发生时，是她第一天在这家餐馆打工。她说在这家餐馆里有一个个子矮小的人打碎了一个盘子，她看到那个打坏盘子的人都要哭了，因为要赔钱。

我说："打破了就赔呗，哭啥？"

朋友说："相当于白干了一天，用那种表情（男子打碎盘子后，脸上的表情）在一堆人面前跟别人求情，欲言又止的样子，感觉很尴尬，我终生难忘。”

我说：“我想象得出来。但我对这种人即同情也不同情。同情源于人性的善良，不同情在于，盘子是你打碎的，也就是说是你做错了事。做错了就应该承担相应的责任。赔钱，是对这件错事最好的承担。这次他打碎了盘子付出了赔钱的代价，再犯同样错误的机率就会小了很多，改正错误的过程也是有成本的。”

朋友说：“可是他很可怜，很穷。一天也赚不了多少钱，一个盘子，把一天的劳动全赔进去了。”

我说：“至于他赔偿的价格合理不合理是另外一件事。但是，他求什么情呢？他打破的盘子他不赔，他打算让谁赔？让老板赔吗？老板有钱是老板的事，凭什么要让老板替他的错误买单？有钱人就应该替没钱的人背黑锅吗？”

朋友说：“你说的似乎也很有道理，但感觉又好像哪里不对。”

我说：“没有什么不对。过去的教育总是教育我们要善良，帮助弱小，这很好，这也是我们中华民族的传统美德。但问题是很多人错误理解了弱小。什么是弱小？孩子在大人面前是弱小，老人在年轻人面前是弱小，女人在男人面前是弱小。但是，作为同是四肢健全的年轻人，只因为你穷，就叫弱小吗？

谁的财富都不是天上掉下来的，都是靠自己的双手挣来的（即使是富二代的财富，也是他们的父母靠自己的双手挣来的），为什么人家有了钱，就应该给你犯下的错误背黑锅呢？

好似我这番话没能完全说服朋友，于是我给她讲了一个我听来的故事。

故事的讲述人是我的一个亲戚。

我的这位亲戚这一年到武汉来看望我妈，在我妈家里住了几天。我的亲戚在闲聊时问我：“你还记得小时候跟你一起玩的兵兵吗？”

事实上，我完全不记得兵兵了。但这并不影响亲戚继续讲兵兵的事，主要是说他怎么穷的。那个时候的农村人，大家的贫富基础都是差不多的。但后来年龄差不多的孩子长大后的发展，可谓天差地别。虽然没有富贵成像马云叔叔那样的人物，但通过奋斗去了北京、上海甚至国外且有房有车的人也不在少数。发展得没这么好的，也是吃穿住不愁，不至于到了伸手找别人要救济的那种地步。

可亲戚却说兵兵穷到要伸手找人要钱了。还强调说："不是救济，是要钱。救济是人家主动帮助。要钱，是主动向别人伸手。"

"找别人要钱？他凭什么找别人要钱？别人又凭什么给他钱？"我有些不解地问。

听着亲戚慢慢说兵兵的事儿，我终于知道兵兵为什么会找别人要钱了。

兵兵在童年及青少年时期的人生道路和村里的其他孩子没有太大的不同，也是读书而已。区别在于有的人只读了初中，有的人读了大学，有的人和兵兵一样，读了中专。

兵兵中专毕业后，并不像其他年轻人那样，要么在家里种地，要么进城打工，他就在家闲着。他也不是完全不做事，他还会下田的，只是不肯下力气罢了。头两年，父母尚在，他住在父母家里，也没有人太关注他的生活。随着父亲去世，姐姐远嫁，母亲的身体日益衰老，他们家的日子越过越穷，问题才显现出来。

第一次问题的显现是父亲的葬礼。

亲戚说兵兵父亲的葬礼请人吃饭、买棺材（他们那儿虽然是火化，但还是把骨灰放棺材里土葬）、买孝布等等一系列事情办下来，要几万元的花费。

但是，当时兵兵家完全没有积蓄。远嫁的姐姐当时也很穷，凑了一点儿钱回来还是不够。于是兵兵就到自己的伯伯和叔叔家要钱给父亲办葬礼。那些叔叔和伯伯都知道兵兵家的情况，自己兄弟离世了，总不能因为没钱不下葬吧，于是就把这钱凑齐了。

第二次问题的显现是兵兵结婚。

虽然穷，兵兵长得还是蛮帅的，嘴也不笨。父亲去世不到两年，他就认识了一个姑娘结了婚。但是，这结婚的钱，又是亲戚们帮忙凑起来的。

都说帮急不帮穷。那些叔叔和伯伯想着好歹帮他把他的终身大事办了，成了家，兵兵就是大人了，不为别人着想，也会为自己的小家着想，兵兵也应该对自己的将来有点儿规划了吧。

兵兵也真想去打工了，但是他没有直接去找工作，而是找到了自己在县城办厂的表兄，说能不能安排他进表兄厂里打工。表兄一想，外人还招呢，何况是自家兄弟，二话没说就同意了。

可是兵兵打工不到半年，嫌表兄给的工资低，不干了。

辞职时正值表兄厂里接了大单赶活儿的时候。表兄苦口婆心劝兵兵，说你又不会技术，又不懂管理，同样的工人，我已经按最高的级别给你开工资了，工厂也不是我一个人开的（还有两个合伙人），我不能做得太过分了。但兵兵不管不顾，一意孤行辞了职。

一转眼，孩子都6岁了，兵兵还住着父母留下来的破房子（母亲几年前也去世了）。这些年，他们夫妻俩都是干一阵子活儿歇一阵子，也不知道是怎么把生活维持到现在的（兵兵的老婆比他还懒）。

如果说穷是源于自己懒，自己承认了也就罢了。可偏偏兵兵夫妻俩不这么想。他们看着别人（主要是他亲戚家）一幢幢新房子竖起来，一辆辆车越换越气派，心里不平衡。不平衡也就罢了，他们还认为这些亲戚那么有钱，为什么不帮他们家把房子整一整呢。

兵兵的叔叔和伯伯本来是不想帮兵兵的，但看着兵兵一家实在过得可怜，就想着再帮他修整修整房子，但是，他们的儿女们不乐意了。就像我之前讲得那样，他们的儿女也认为钱是自己早出晚归挣来的，不是大风刮来的，凭什么要一次次帮别人？

兵兵的媳妇知道叔叔和伯伯不帮他们了，就开始说人家没有人情味，说人家为富不仁等等。

现在，兵兵别说在自家亲戚嘴里没有口碑，外人也不认同他们的做法。谁都不是傻子，他们骂亲戚的结果是别人都在看他们一家的笑话。

只可怜那小孩子还不懂人情世故，不知他长大了会不会因为自己有这样的父母而抬不起头来。

这世上没有天经地义。虽然说穷与富确实有老天不公的原因，但生在新世纪长在红旗下，只要你肯做，只要你有骨气，你再穷，人家也不至于瞧不起你，有很多人虽然穷，却穷得让人敬佩。但像兵兵这种等吃、等喝还认为别人不帮他就是没良心的人，真正让人瞧不起。

我们再回到故事的开始——那个打碎盘子的小伙子身上。自己做错了，自己就应该承担，至于老板是否让他赔偿那是老板的事，对小伙子而言，他错在不应该有求情之心。

如果，这件小事他求了情，老板确实没让他承担赔偿，那是不是以后遇到什么事，他都会想着先求情而不是想着怎么补救错误呢？如果当他再犯一个更大的错误，他求情没用的时候，是不是他也会像兵兵那样，认为别人没有人情味，别人为富不仁呢？所以我压根儿不赞成小伙子求情，这对于他今后的成长没有任何好处。

成全别人前，先讨好自己

在商场的休闲区休息时，看到这样的一幕：

两个年轻的妈妈带着两个男孩在喝饮料，吃小食。男孩们都是三四岁的模样。

初时，两个男孩坐在妈妈们旁边喝着饮料，互相挤眉弄眼地玩耍着。妈妈们也互相聊着天，气氛挺融洽。

几分钟后，其中一个穿绿外套的男孩在妈妈的包包里翻找着什么。不一会儿，翻出一辆小汽车来，然后离开了坐位，在旁边的大理石地板上玩儿起了车。

坐在对面的黑外套小男孩看了一会儿，也翻身离开了坐位，直接伸手抓住绿衣男孩的小汽车拿了起来。绿衣男孩不高兴了，一边叫嚷着一边想抢回小汽车。黑衣男孩左躲右闪不肯把小汽车还给绿衣男孩。

绿衣男孩抢不回来，带着哭腔找妈妈求助，此时的妈妈当然没有帮自己的孩子直接把小汽车要回来，也没有去做黑衣男孩的思想工作，说一些诸如这小汽车是某某的，你想玩儿应该先征求他的同意等之类的话。而是对自已的儿子说："宝贝，好东西要学会分享，把你的小汽车借洋洋玩一会儿。"

这样的话语很熟悉是不是？我相信遇到类似的情景时，中国大部分家长都会这样说。教孩子学会分享绝对是美德，这位妈妈绝对没有做错。

但问题来了，每个孩子都是不一样的，在面对妈妈要求自己学会分享，把自己心爱的玩具让给另外一个小朋友玩的时候，孩子们的态度也是不一样的。比如我面前这个绿衣小男孩，他就选择了讲道理，他这样说道："可是我也刚刚开始玩儿啊，我还没玩儿够。”

孩子说得没错。汽车只有一个，而我还没玩儿够，所以，现在我还不想分享。

妈妈又说了：“这玩具是你的，你回家后想怎么玩儿就怎么玩，但是洋洋哥哥没有，所以你先借他玩儿一会儿好不好？”貌似妈妈说得也挺有道理。

可小男孩又说了：“可是回家后我就不想玩儿小汽车了，我只有现在想玩儿小汽车。”这句话也很有道理。当我们回家了后，可以选择更多自己喜欢的消遣方式来打发时间，而此时此刻，作为在商场里没有其他玩具玩的小朋友来说，这个小汽车就是最好的消磨时间的玩具了。

这时，一直没有说话的黑衣男孩的妈妈终于开口了，她对自己的孩子说：“洋洋，把小汽车还给弟弟好不好，等弟弟玩儿完了再给你玩。”

“不要。”黑衣男孩显然不肯买妈妈的账，不但一口回绝了，还拿着小汽车跑到距离妈妈们三四米远的空地上玩儿起小汽车来。

绿衣男孩看到这一幕，直接哭了起来。

绿衣男孩的妈妈看到自己孩子哭了，一直维持着的好妈妈形象此时露出了真面目，大声喝斥自己的儿子：“你这孩子怎么这么小器，把小汽车借哥哥玩儿一下，哥哥又不是不还你，有什么好哭的？不许哭！”

黑衣男孩的妈妈也在一旁帮腔：“小朋友要友爱，把小汽车借哥哥玩儿一会儿他就会还你了。”

绿衣男孩哪儿能听得进去，兀自在旁边哭得惊天动地。

见众人都看着她们这桌，绿衣妈妈似乎为自己的孩子“不懂事”，也或许为自己的教育没起到作用而有些恼怒，居然一巴掌拍到孩子身上：“哭什么哭？不就是把小汽车借哥哥玩儿一下吗，至于哭成这样吗？没出息！”

故事的后继发展我就不继续写了，这一幕想必大家都不陌生。不管你是已经长大的孩子，还是已为人父母，似乎都经历过类似的场景。

只是，我很想说，这件事的发生，真正不懂事的是那个拥有小汽车的绿衣男孩吗？

我觉得应该是大人。

且不说黑衣男孩在不征求别人同意的情况下，径直抢走小汽车（这肯定与自己家里大人的教育缺失有关），单说两位大人对这件事的处理情况。

首先，孩子在这里似乎有点儿无聊，坐不住了，这才想着找点儿东西玩儿。而绿衣男孩有备而来，于是，他拿出了事先带来的玩具。

第二，玩具只有一个，但两个孩子都想玩儿。在他们不能共同玩同一个玩具的情况下，也没有商量出一人玩一次的游戏规则之前，那么，这玩具必将只能让其中一个孩子拥有。

谁拥有谁快乐，而没能拥有的就是难过的那一个。

绿衣男孩的母亲，为了显示自己拥有“谦让”的美德，在没有说服自己孩子的前提下，用高压手段，强制性要求孩子将自己的玩具让给他人，那么，她的孩子此时除了有没能拥有玩具的难过之外，还有来自自己母亲不帮助自己，不理解自己的伤害！

在两个孩子抢同一个东西的情况下，假如，大人无论哪种教育方法（说服才叫教育，高压手段压根儿就不是教育）都失败，我觉得母亲们应该选择站在自己孩子的一边。

还是拿这个小汽车示例来说，如果两位妈妈无论如何也说服不了孩子们礼让，那么绿衣妈妈应要求抢走玩具的黑衣男孩还回玩具。因为这玩具本来就是绿衣男孩的，且不说绿衣男孩未雨绸缪准备了玩具，只说这两个孩子必将有一个会难过的情况下，凭什么难过的那个人是玩具的拥有者呢？

同理，在职场里，在面对唯一的一份荣誉或者提升的机会时，拥有主动权的人为什么就不能推荐自己，而非要虚假地谦让一番去推荐别人呢？

同样，在面临同事请求自己帮忙完成工作，如果你自己的本职工作还没有完成，你为什么要讨好你的同事而去答应呢？假如，你已经答应了，你又为什么不先完成自己的工作，再去完成同事的工作呢?

我们永远不可能讨好所有人，在我们面临必将有一个人占便宜，一个人吃亏的情况时，我们应该学会先讨好自己，然后再考虑成全别人。当然，如果在小汽车事件里，黑衣男孩也想着先讨好自己再成全别人，是不对的，这才是真正的自私。因为小汽车的所有权不是他，所以，具体的事情要具体分析对待。然后，做一个不是单纯地为了显示谦让，而让自己受伤害的选择。

观世界之前，先有自己的世界观

“世界那么么大，我想去看看”这句话这两年挺流行的。

我有个比较“高大上”的同学。我的这位同学生活富裕、时间充裕，于是身体力行地实践了“世界这么大，我想去看看”这句话。

同学的先生是开公司的，生意做得很大，而她也没有闲在家里做富太太，相反，她在一所高校当老师。

高校教师的工作时间相对自由，还有让人羡慕的寒暑假，所以，她每年都跑好几个地方旅游。她的旅游不是跟团几日游，也不是七日五国那种旅游，而是深度旅游。什么叫深度旅游呢？就是她每选好一个地方后，先研究当地的风土人情与历史，然后在那儿找一家她看得上的旅店一住就是十天半个月，只在那么一小块地方玩。用她的话来说，她会把那个小镇的每个角落都走遍，把每个风土人情都看透，总之，她活得还是蛮有品位蛮“高大上”的。

某日，我这位“高大上”的同学主动邀约我们几个好友一起喝茶。这个建议得到我们一致同意，但在定喝茶时间的时候遇到了小小的阻挠：本来“高大上”同学打算把喝茶时间约在某个工作日的下午，说大家一年也难得聚几回，既然见面了，就多聊会儿，喝完下午茶还可以直接吃晚饭接着聊。

有个叫珍的朋友说建议不错，但她这段时间特别忙，请不下假来，但也不好意思溜号，于是说：“要不把时间定在周末？周末有一整天的时间可以聊天呢。”她的建议刚说出口就被“高大上”朋友否定了：“周末不行，我刚问芬了，芬周末出不来，要带孩子。”

珍说："把孩子丢给她老公带一天，难道说她老公连一天孩子都不肯带吗？"

这时"高大上"朋友开始说话了，态度里明显对芬有些瞧不起的意思，大意是指芬是那种嫁了人就做老妈子、不工作只带孩子的没有自我的人。

我知道珍与芬走得远几乎没什么来往，对于芬婚后的生活不了解。但"高大上"朋友的话却引起了我的不满，我告诉珍，芬并不是没有工作，相反她每天都在上班，只是她们的老板属于比较有人情味的那种人，在芬不影响工作的前提下，芬迟到早退老板不会说什么。因为老板了解到芬的老公跟他一样，也是常年在外地跑的那种人，一个月在家的时间可能不超过一星期，根本没时间帮芬照看孩子，而她家里也没有老人帮忙。所以好多人看到芬每天按时接送孩子，都以为她没工作。在这种情况下，难道让她把几岁的孩子一个人丢在家里，自己跑出来与我们喝茶不成？

后来，那次聚会芬没有来。我们其他的几个人聚会了。

聚会时，“高大上”朋友讲了一个黄太太的故事。她说黄太太是她老公生意伙伴的老婆。

这位黄太太也不是闲赋在家的人，她开了一个茶楼，虽然只有高中文化水平，却特别喜欢显示自己有文化的样子。在茶楼里这儿挂一幅山水画，那儿挂一幅字也就罢了，还学其他人弄了一个书室。这书室里放点儿与茶文化有关或文学之类的书籍都行，可她那书室里居然什么类型的书都有，还有流行杂志。太没品位了！

接着又说这位黄太太特别羡慕她能自己一个人四处旅游，希望下次出行时她能带着她一起玩，“我才不带她呢，我跟她在一起能有什么共同语言？我跟她聊戏剧，聊历史，聊地理……她什么话也接不上。啧啧啧，我要是带她一起走，完全是自已给自己找罪受，非把我憋死不可。”“高大上”朋友说道。

对于她的这番话，我不置可否。我知道，三观不合的人确实没办法谈得来，但也不能因为认为自己是对的，就认为别人是错的；更不能认为自己的世界观是先进的，别人的世界观就是落后的，并由此而瞧不起人并嘲笑之。真正有思想的人都知道，这世上根本没有所谓正确的生活，更不能无端嘲笑别人的生活。这让我不禁想起了我之前写过的一则故事：

有只乌鸦口渴了，它飞来飞去找水喝……

乌鸦飞啊飞，飞到了一口井边，井里的水虽然不多，但也足够乌鸦畅饮的。于是它飞进去喝水了。

乌鸦喝完了水之后，就站在井沿边上唱起了歌，虽然歌声难听了点儿。

“嗨，乌鸦。”

乌鸦听到有人在喊它。于是四下里张望起来。

“这里，这里。”那个声音继续喊着。

乌鸦顺着声音找去，发现是井底的一只青蛙在和它打招呼。

“嗨，青蛙先生，您好。”乌鸦很有礼貌地和青蛙打招呼。

“乌鸦先生，我老婆冬眠还没睡醒呢。我现在闲得无聊，您既然在这歇脚，我能和您聊聊天吗？”青蛙说。

“当然可以。”乌鸦回答道，“不过，既然你闲得无聊，为什么不出来找其他的朋友聊天呢？外面已经是春天了，草绿了，花也开了，可美了。”

青蛙说：“外面哪来的花与草啊，不过是那片圆圆的天和飘来飘去的云，以及不知从哪里来又不知往哪去的各种鸟吗？”

听青蛙这样说，乌鸦明白了，这是一只从没见过井外世界的青蛙。于是，它嘲笑道：“原来你活了这么多年从来没有跳出过这口井，原来你活了这么多年都不知道这世界有多大，原来你活了这么多年都白活了。没文化、没眼界的青蛙活着真可怕。”说完，乌鸦飞走了。

这时，青蛙拿出一个 IPAD 来，手一划，就看到了外面纷杂的世界，它感叹道：“是啊，很不幸我出生在这口井里，年轻的时候，我也曾想跳出去看看这个世界，可是我努力了一辈子也跳不出去。但我现在觉得我活得挺好挺幸福的，有一个深爱自己的老婆，有一群可爱的孩子，还有一个没有任何人与我争的井，这不足够了吗？”

这是一则寓言故事，你从这则故事里看出了什么样的人生哲学呢？

或许你是一只拥有蓝天的乌鸦，你很庆幸你翱翔在广袤的天空中，但你的出生地是上苍决定的，这与你的努力没有丝毫关系；

或许你是一只经过无数努力但还是失败了的青蛙，从此你郁郁寡欢，埋怨自己一生不得志，从来不知道幸福是什么，老死井底；

或许你是一只生在蓝天下，经过努力的乌鸦，你的世界比老鹰的世界还要宽广美妙，但你却无权嘲笑一只生来就在井底的青蛙；

或许你是一只可以跳出井口的青蛙，但你被眼前的困难吓住了，从来就没敢尝试过跳跃，却学会了怨天尤人，怨自己没有一个像乌鸦那样的好爸爸；

或许，你就是故事中的青蛙，努力过，失败过，最后坦然接受现在的生活，接受上天独有的恩赐；

或许，你是一只跳出井外的青蛙；

或许，你是一只不小心掉进井里的乌鸦……

生活中，你是乌鸦还是青蛙都不可怕，你是哪种乌鸦或哪种青蛙也都没关系。只是假如你生为一只乌鸦，不要在什么都不知道的情况下，因为多喝了点儿鸡汤就去嘲笑一只井底的青蛙，它经历过怎么样的人生，你并不知道，也无权嘲笑。

我承认我的那位“高大上”朋友知识足够丰富，见的世面也足够多，但她的眼界却太狭窄，她的世界观也太狭隘。

世界那么大，谁都想去看看，但并不是看过世界的人就能拥有正确的世界观。真正有世界观的人，她会更客观、更包容地看待这世界的人与事，而非一味地否定他人，抬高自己。

比如我这位“看过世界”的朋友，其实无权利议论那种守着自己的一亩三分地，老婆孩子热炕头的人的生活就是错的。

同样，有了诗歌和远方的女士，也无权利议论只拎 Gucci 和 LV 的女人就一定是浅白无知的苟且生活。

世界如此丰富多彩，正是因为我们有不同的生活。这些不同的生活也正是来自我们不同的观念与选择。只要不是选择侵犯他人利益来满足自己，那么，他人想过哪种生活，与你又有什么关系呢？

没有不好的未来，只有放不下的过去

小A曾经是同学眼里的学习偶像，老师嘴里的优秀学生，父母教育自家子女常拿出来的“隔壁家的孩子”。可是就是这样一个优秀学生，后辈的楷模，却在20岁那年（读大二那年），因打架把自己送进了派出所。

小A被抓进去，判了半年刑。

本来在父母和老师的求情下，学校保留了他的学籍，但出于面子问题，小A从牢里出来时，他故意错开了来接自己的父母、朋友，一个人悄悄出了狱。然后即没有回学校也没有回家乡，而是一个人拿着在牢里赚得少得可怜的一点儿钱去了广州。

小 A 端过盘子搬过砖，送过快递扛过水，总之在广州那半年，他做着最苦最累的活儿，拿着微薄的薪水，住着地下室，过着一个月有半个月吃方便面的日子。即使因为钱包被人偷了，饿了三天肚子，小 A 也没有与父母和同学联系。也许是过去有多风光，现在就有多不敢见旧人吧。

小 A 在来广州将近半年的某天，领了薪水去某家餐馆叫了小炒，准备给自己改善改善伙食，这时他看见一个小工拿出一袋面粉准备在鼓风机旁倒，看到这一幕，小 A 及时制止了小工，并对小工说这样做容易引起火灾或爆炸。

这一幕恰好被一个也在这里用餐的大学老师看到了，于是就和小 A 聊了起来。

或许是真有苦水要倒，或许因为面对的是陌生人，小 A 就把他曾经是天之骄子却又沦落到阶下囚，再到打苦工的事一五一十地告诉了这位陌生的大学老师。

大学老师没有直接开导小 A，而是问他：“你是否打算从此之后与父母再也不联系了？”

小 A 沉默了半天，最后还是摇了摇头。

大学老师说：“那你这半年为什么没有和父母亲人联系过一次呢？是不是想自己混出人样来再与他们联系呢？”

小 A 又沉默了半天，然后点了点头。

大学老师说：“先不说你什么时候能靠端盘子、搬砖出人头地，我只想说，你出人头地之后，你曾做过牢的那段过去是不是就被抵消了，像从来没发生过一样？别人也不再记得了呢？”

“不会。”小 A 这次回答的很爽快。

“那就对了啊！既然你并没打算从此不与父母联系，既然不管你将来有多大的成就，你的过去也不可能被改变，那你现在何苦一肚子苦水在这里受累，而让你的父母因不知道你的下落甚至死活而担心得日夜不能寐呢？”大学老师说道。

是啊，谁的一生不走点儿错路弯路呢？虽然这错路或弯路不尽相同，但只要你还打算堂堂正正地活下去，那么就应该学会给自己机会。比如小 A，是别人不给他拥有未来的机会吗？不是。学校还为他保留了学籍，他若选择回去继续读完学业，以他的能力，将来再怎么样也不至于靠出卖苦力来养活自己。而他选择了逃跑，是因为怕亲人的不原谅，怕同学老师们的嘲笑，怕自己没有颜面，说白了，还是面子问题，为了面子他宁可不要自己未来几十年的机会。

到底是面子重要还是未来更重要呢？到底是一时的被人嘲笑重要，还是今后几十年的扬眉吐气重要？我相信，这已经不用我再多说了。

小 A 是由于过去犯了错，而一时糊涂，认为自己从此没有了未来，而选择了放弃。那么我们再来看看小 B。

小 B 是位女性。她从小家庭富裕，顺风顺水读完大学又顺风顺水被父母安排进一家效益好、工作强度低的单位上班，然后嫁给有钱有才的老公顺顺利利当了母亲。

但是，在小 B 以为自己人生幸福，生活圆满并且辞职几年后的情况下，老公却出轨了，且嘴脸丑恶，以至于小 B 想装糊涂不离婚都不行。

但问题是此时的小 B 已经 40 岁了。对于女性来说，这是最尴尬的找工作年龄，没有单位愿意请一个没有工作经验的中年妇女。小 B 想做生意，可她的父亲因为疾病缠身，已经把家底拖空了，在经济上也帮不了小 B 忙。而小 B 自己做了多年的家庭主妇，也没攒什么私房钱。不仅如此，丈夫还转移了他们的共同财产，几乎什么也没留给小 B。小 B 一度以为自己的后半辈子或许只能靠扫厕所为生了。

好在小 B 有一个明事理的母亲。母亲把小 B 接回了家，说你是我的女儿，我知道你的能力。现在你没有经验也没有年龄优势去找工作，人家不要你，不要紧。但你好歹也是读了名牌大学的人，而且才 40 岁，怎么可能后半辈子只靠扫厕所养活自己呢？找不到工作、开不起店，没关系，你可以靠写作养活自己啊！你忘了，你读书那会儿多喜欢写东西啊，还在校刊上发表过呢。

小B在母亲的鼓励与帮助下，真的走上了写作之路。虽然写作之路比较窄，靠写作大富大贵的人不多，但好在养活自己已不成问题。在小B发表的东西越来越多，接触的人也越来越多之后，有家电视台的编辑部要招聘人，于是，小B又拥有了一份属于自己的体面工作。

我举小A和小B的例子，是想告诉那些在生活中遇到困难的朋友：没有过不去的坎儿，也没有放不下的过去。

如果你遇到了困难，如果你的生命中没有出现大学老师和母亲那样将你从泥沼中拉出来的“明灯”，也没有关系，自己学会调整相信自己就好。你要相信你的未来会更好，你要相信只要自己不放弃、肯努力就一定会拥有更好的明天。但是，若是你自己都不相信自己会拥有美好的未来，那么，那些关于未来的美好，你打算让谁端到你的面前送给你吗？

你的生命不允许被任何人否定

少女时期时，认识了一对姐妹。

姐姐长得漂亮，且能歌善舞。妹妹在我看来，长得也挺漂亮，只是没有姐姐长得精致。

当时姐姐在文化宫里学习唱歌、跳舞和主持。

妹妹看着姐姐因为学习了这些技能，经常在学校表演，很是羡慕，也想像姐姐一样上艺术班。于是就和父母提了一下，结果她妈妈当着我们的面说："你以为唱歌跳舞一学就会啊？别看你和你姐是亲姐妹，她能学会的不代表你能学会，你啊，啥也别想，好好把书读好比什么都强。”说完扭头和别人说话去了。

后来，妹妹初中毕业，想读高中然后考大学。但她的父母又说了：“你哪是读大学的料！不如读个中专，将来我们还能帮你安排工作。”后来妹妹读了一个卫校。可我知道，文化课成绩远不如妹妹的姐姐当时正读着高中。

再后来，妹妹中专毕业，父母却没有能力把她安排进医院，做了两年临时工编制的护士后，妹妹离开医院在外面打工。

有好多年没她们的消息了，前几年知道妹妹在打工的时候认识了一个做生意的男人并结了婚。有了孩子后，男人建议妹妹不上班，在家专心带孩子。妹妹不同意，说自己不靠男人养，于是盘了一家小门店做生意。当时反对妹妹最凶的不是她老公，而是她父母。他们说妹妹压根儿就不是做生意的料，还说你老公在外挣钱，你在家带孩子不是挺好的吗，瞎折腾，不知道“活”字怎么写。

好脾气的妹妹这次终于发了火，“你们从小就说我这不行那不行，按照你们的安排，我活好了吗？我已经长大成人很多年了，而且还有了自己的家庭，我今后的生活要自己说了算！”

事实证明，妹妹并不是父母想象的那么没用，虽然没能像反转剧中写得那样几年后就成了千万富翁，但小生意做得红红火火。

写到这里，我又想起一个和我关系很要好的朋友，小黑。

小黑很白，也很漂亮，是一个标准的白领丽人。

某一天，小黑主动联系我，说：“猫姐，你说我 30 岁了还没男朋友是不是很失败啊？”

我很讶异，要知道小黑一直是我羡慕的对象：她自己开了一家咖啡店，生意兴隆。业余时间用来写写稿子也就算了，居然还发挥自己的特长给人当翻译。最关键的是，她还坚持每天跑步一小时。这样一个会挣钱，有文化且有着健康生活的姑娘，何以会因为 30 岁没有男朋友而认为自己活得很失败呢？

小黑告诉我，她回广西老家参加一个长辈的葬礼，遇到好多已婚的女人，有好多比她小很多，可孩子都上学了，她们毫不避诲地当着小黑的面议论：“女人 30 岁了还不出嫁肯定有问题！”“人家眼光高呗！”“什么眼光高，你看我们找的男人哪个不会挣钱？我看就是没人要！”

那些人是自己形成一个小圈子在议论，且没点名道姓。在一旁的小黑听着这些话就像吃了苍蝇般恶心，但又不能因此跟那些人吵一架。人家若一句：“我又没说你，难不成你就是那个没人要的？”这不是自讨没趣吗？

所以，小黑只能跑过来和我吐槽。

其实小黑的困惑我们很多人也遇到过。我想，生活中像小黑、还有前面提到的妹妹这样的人，或许因为他们身上的某个缺点，没有做到某些人认为的那个样子，某些人就认为他们是不成功、活得失败的人，这样的人很多很多。比如这样的人会说你压根儿就不是当歌星的料啊；某某肯定发不了财啊；某某别看她现在多风光，都是靠不正当上位啊；某某的公司越开越大肯定是靠偷税漏税和不正当营利啊……

以上这些口若悬河的人，不管是父母、朋友、同事、或者是不相干的旁观者，他们只是站在自己的角度想问题，用自己的目光看待问题，然后，当他们看到某一个人的行为没有达到自己或世俗所认知的那样，就会去否认别人。比如长得不漂亮的，一定不适合搞艺术；有颜值有事业但只要你没结婚，就一定是不完整的；你有文化，肯定会瞧不起我们这些有钱没文化的……

古语说“以己之心，度他人之腹”，有很多人正像这句古语说的这样，只以他们的观点来看待这个世界，从而去否定他人，还总认为自己正确得不得了。

如果，你不幸是这篇文章里的小黑、妹妹或者小张、小李，总是遇到否定你的人，那么你想让他们理解你，不太可能！所以，不如干脆选择不做任何解释，不理会他们，做自己就好了。

相对于遇到总是否定自己的人，还有一种人更可怕。

那就是总是自己否定自己的人。

当然，深究起来，这种总是习惯性否定自己的人，多半是因为小时候被父母或老师等人否定惯了，使得他们成年后，还是极度地不自信，总觉得自己这不行那也不行。

比如去一家要求比较高的大公司应聘，自信的人也许会认为自己的经验虽然不够，但自己有学历有能力，即使没有应聘上，也不损失什么，这样想得转念间，他还会安慰自己：说不定就会应聘上了呢！可是习惯自我否定的人会想：像我这样三流大学刚毕业的学生，到那家大公司去应聘，这不是自己给自己丢丑吗？算了，我还是去超市应聘服务员吧。”再比如，有的男人喜欢一个姑娘喜欢得不得了，可是总觉得自己某些方面的条件配不上人家，连表白或暗示都不去做，只站在远远的地方默默喜欢人家。

我一直觉得，人有自知之明是对的。但很多时候，这些人总是把自己看得过于低了。

我总觉得，即使你自己对自己还没有足够正确的认识，把自己看得太低，但在自己喜欢的或很想得到的事物面前，你不妨去尝试一下，这要比试都还没试就打了退堂鼓要好得多。

4

CHAPTER

在人脉中行走，
要迂回前进

那些被占去的让人添堵的小便宜

小刘和小王是同事，平时关系还不错，两人经常一起打球。但小刘有一个毛病——爱占小便宜。比如打球打累了，他总是让小王去买水，而且从来不给钱。再比如，搭公交车时，他总是说："哥们儿，你有卡，顺便帮我也刷一下，我没零钱。"

小王和小刘都是低工薪阶层。有时，在要去的地方不太远的情况下，小王为了省点儿公交费宁可自己走着去。可他却要经常帮小刘付公交费，一次两次也就算了，也没几块钱，但小刘经常如此，这让小王心里很不舒服。再加上两人本来就是同事关系，小王对小刘的个性多少有些了解，知道他就是那种存心爱占小便宜的人。可是这种事小王真不知道该如何对小刘说。假装说卡里没钱？可刷的时候，他在一旁看着呢，自己不能每次都只充一趟车次的费用吧？直接拒绝他不帮他刷？小王无论如何也做不出来。别说自己跟小刘关系还不错，即使是普通关系，他也不能在对方提出来帮忙刷一下卡的情况下，不帮对方刷啊。

其实我们每个人在生活中都会遇到这种爱占小便宜的朋友、同事或同学。如果你的身边有这种爱占便宜的人，你该怎么做或怎么应对呢？

有人说："让他占呗，也没几个钱。"如果你真的不在乎，确实可以。但我相信很多人还是在乎这几个钱的，比如小王。

还有的人说："事先就说好AA制，现在挺流行AA制的。"这种办法对付一起吃饭聚会、爱让对方付账的人，也许有用，但对付小刘这种小到你都不好意思提的便宜时，就没一点儿用了。

还有的人更干脆："这种朋友不值得交，不理他就是。"可是生活不是你想的那么简单，小刘除了爱占点儿小便宜，其他方面还是很合小王胃口的。

你没辙了？束手无策了？那听听我告诉你该怎么对小刘这种人说"不"。

首先，我们来分析一下小刘为什么会占你的小便宜？说白了，其实他利用了你"好面子"这一心理。

小刘也知道，一瓶水，一次公交费就一元两元的事儿，谁也不会把这点儿小钱放在心上。所以，他很可能没有意识到自己的行为很让人讨厌，甚至还认为自己很精明呢。

对于这种人，我们完全可以采用"讲故事"的办法来告诉小刘，你这样占别人小便宜的人是很讨厌的。

比如有一次，小王当着小刘的面大声打电话，拒绝了电话那边的一个邀请。挂断电话后，他对在一旁的小刘说："一个老同学打来的，约我一起去打球，我回绝了。他这个人，别的都挺好，就是爱占小便宜。以前在学校的时候，就经常说电话没钱了，但又有一个电话急着要打，而他现在不方便让同学帮他充一下值。充的也不多，一般也就十块钱，可他让同学帮忙充了值的钱从来不还。同学们也不好意思提醒他。次数多了，大家都知道他有这个坏毛病，都懒得理他。就我偶尔还跟他一起玩，谁知道他这坏毛病参加工作了还没改，所以他这次喊我一起去打球，我回绝了。”

相信小王这个故事讲完后，小刘肯定会有所触动的：别人不是傻子，不会看不出来你在占小便宜，如果你继续这样，可能就会像小王的同学一样，将来没有朋友了。

我们身边这种爱占别人小便宜的人，你肯定都遇到过，如有一起同住的女生老是爱用别人的护肤品，卫生棉。说起来，都是些小事、小钱。直接拒绝对方或指出对方这些毛病，你肯定干不出来这种事。但是，憋着时间长了，你肯定会憋出病来。而且，这也不是钱多钱少的问题了，你会感觉自己被人当傻子利用了。谁也不想当傻子，也不想被人利用。

很多人在面对这种小损失小问题时，采取隐忍的态度，当然，也不乏有性格强硬的人，直接对对方说：“上次我帮你刷了一次卡了，这次你自己想办法吧。”但这句话说出去之后，如果你是小王，我相信非但你和小刘做不成朋友了，你公司的所有同事都不会和你做朋友了，甚至会另眼看你。

你若是用小王讲故事的办法，来迂回地告诉小刘，你这种爱占小便宜的行为是不好的，既能避免当面拒绝的尴尬，又能不让自己憋出内伤来。

坦承相告，让对方理解你的难处

阿丹和海海是同事兼好友，也许因为所属部门不同，他们俩这些年的同事感情越来越好。

虽然他们对自己的工作与薪资都挺满意，但毕竟是年轻人，贪睡，偶尔也会想利用上班时间溜出去玩玩。每每有这种需要的时候，比如他们中的一个人上班迟到了，就会给另外一个人发条信息：“我今天要晚点到公司，你帮我打一下卡。”或者一个人被女朋友缠得没办法，要在上班时间陪女友去逛街，也会偷偷给另外一个人发消息说：“我今天要先开溜了，老板问的话，你帮我圆一下。”

虽然这种情况并不是经常发生，但二人也是互帮互助，其乐融融。

这天，海海发了一条信息给阿丹：下班后去海马街老地方吃烧烤。

下班后，两个人来到海马街，几瓶啤酒喝下来，几串肉筋吃下来，海海开口了：“燕子的妈妈答应我们的事了。”

燕子是海海女友的小名。海海跟燕子谈了好几年恋爱，感情很好，两人一直商量结婚的事，但因为海海在这座城市里还不能全款买下一套三居室，所以燕子妈一直没同意。海海为了让未来丈母娘点头，没少巴结她老人家。可这位老人家也挺有意思，海海孝敬的补品，吃；海海孝敬的海外游，玩。但一直就是这句话：什么都好说，没房，婚事免谈。

海海虽然嘴上埋怨老人家势利，唯钱是命，但心底也理解一个母亲为女儿着想的心：她不想让燕子嫁给自己受苦。所以这些年他也没放弃“攻垒”。

阿丹一听海海说燕子妈终于同意他们的婚事了，打心眼里替海海高兴：“行啊兄弟，你是怎么把你丈母娘这个堡垒攻下来的。别告诉我你已经全款买房了，我可不信你们家有个海外旅居的富亲戚，因为没有儿女继承财产，把全部家当都留给你了这种神话。”

海海听了哈哈大笑：“我哪里会有那么好的运气，我们家连个称得上是富人的亲戚都没有。燕子妈是松口了，她不要求我非得全款买房了，要求我付 50% 的首付就行。你知道，这些年为了娶燕子，我可一直在努力攒钱呢。50% 的首付，我勉强还付得起。”

“那太好了，来，干一杯。”阿丹一边说一边给海海的塑料杯里加满酒。

“付是付得起，但我一下子拿不出这么多钱来，想让你帮忙周转一下。”海海喝了杯里的酒后对阿丹说。

阿丹一听糊涂了，问道：“什么叫付得起又拿不出这么多钱来？”

原来海海为了让自己的钱能多生点儿钱，买了点儿基金。买基金的钱也不多，30 万元，而且还有一个月就到期了，“我这个基金是一年期的，我怕万一要用钱，所以没敢买年限长的。这基金一到期，30 万元就变成近 32 万元了。只是呢，燕子妈之所以松口同意我只付 50% 买房，是因为他们看中了她家附近新开盘的那处房子，而且昨天就拉着我去下了定金，说我这次不买，以后就没机会了，所以……”

阿丹听到这里明白了，海海说的付得起这 50% 包含他在基金里压着的 30 万元。于是说道：“兄弟，这回你找错人了吧，别人不知道我，你还不知道？我可拿不出 30 万元帮你周转啊！”

海海连忙拦下了阿丹后面的话，说：“我知道你没钱，就算你有钱、我们再铁我也不会找你借 30 万元啊。我是想宇天公司的那笔款昨天不是打到公司了吗？那笔款正好 30 多万元，你是做会计的，能不能先……”

“这可不行。”阿丹正色道：“别看我平时跟你一样，经常迟到偷偷溜走就以为我是一个没原则的人，那是因为我觉得在完成自己工作的前下，偶尔迟到偷偷溜走不是什么大事。但对于挪用公款这种事，我肯定不能做。”

海海听了脸色有些不好看，说：“别说得这么难听，只是周转一下，一个月后我的基金到期立马就能还上。你是怕我借了钱不还？咱们兄弟这么多年，这点儿信誉你还信不过我？宇天的这笔账早就该打给公司了，拖了这么久还是你催回来的，别人应该还不知道这笔款已经打了……”

结果无论海海怎么求阿丹，甚至说等基金一到期，那一万多的利息也不要了，全给阿丹，阿丹也没同意。二人不欢而散。

没想到第二天海海一到办公室，阿丹就过来了，他手里拿着三张银行卡对海海说：“我知道买房这事儿对你有多么重要，我也知道你不是那种借钱不还的人。这是我的全部积蓄，我昨天查了一下，有20多万元，你再找别人凑点儿应该就够了。”说完阿丹拉着海海去银行取钱。

在去银行的路上二人都没说话，只听见车载收音机正在讲一个明星以前的故事：一个大明星成名之前一直在剧组里跑龙套，跑了五六年后才有机会参演了一个著名大导演的一部新片中的男二号。一天，一个非常有名的娱乐记者采访了这个大明星，说要给他做一个专访。圈内人都知道，能得到这个娱乐记者的专访，离红就不远了，大明星当然很高兴。但没想到，这个娱乐记者给大明星做专访有一个前提条件，即要求他把外面传得神神秘秘的剧情剧透一下。

大明星笑着说："外面传言我们每个演员在电影开拍之前都签了保密协议，其实这不是传言，是真的。"大明星以为那个娱乐记者听到自己这样说会离去，没想到，娱乐记者反倒向他竖起了大拇指："有原则。行，既然你签了保密协议我就不问了……"专访出来后，果真这个明星的名气大了起来，从此后，他的演艺之路越走越顺……

铁哥们可以一起捣蛋、做"坏事"，但这样做并不代表就能够无原则地讲交情。同时，人在追求成功的道路上，亦不能视原则为无物，那样做叫不择手段。阿丹在面对哥们的需求时，坦言相告自己的难处，做到了遵守自己的原则（不挪用公款）；大明星在未成名之前，亦做到遵守自己的原则（遵守保密协议），才获得了记者的尊重。

人类社会需要互帮互助，所以人总有求人或被求的时候。有些忙你不能帮，或帮起来非常困难时，不要把问题复杂化。直言把你的难处告诉对方就可以了，我想明白道理的人，即使当时有些不愉快，事后也会理解。如果你不说，其就不会知道你的困难所在，只会对你不满。当然，你若对别人的要求、帮忙来者不拒，比如前面的阿丹若是按照海海的要求挪用公款，比如大明星对记者的追问透露不该透露的信息，这已经不是打肿脸充胖子让人满不满的问题了，这已经涉及到了人品及法律。

真正的友谊不怕说“不”

在写这本书期间，我做了一个实实在在的小调查，调查对象分别是我的父母——代表老年人；一帮小群友——代表年轻人；还有我的同事——代表中年人。我调查的问题是：你们是如何对待朋友向你们借你们并不想借给他们的东西的。

调查这个问题时，我这样对我的父母说：“几年前数码相机刚流行那会儿，我给你们买了一个数码相机，你们自己舍不得用的。但这个时候，你的一个老同事或老姐妹要出门旅游，他（她）来找你借这个数码相机，而你知道这个人是那种不太爱惜别人财物，或者有点儿丢三落四像马大哈似的人物，并不想借给他（她），但他（她）又知道你有数码相机，你该怎么办？

当我把这个问题说给父母听时，他们提了很多假设，其实这些假设我在提问时已经提到过，比如他的朋友们确实知道他有数码相机，而且这个朋友也确实不爱惜别人的东西。但我的父母还是一再强调这些“硬件”，很显然，我的父母是想在这些“硬件”上给自己找出可以借或不借的理由。

但当我把他们的前提“硬件”一一否决了后，我的父亲说：“那既然是人家开口了，别说是老同事、老朋友，就是普通的朋友，你也不好意思不借给他吧。”

“但是这个相机很贵啊，你们自己每次用都很小心，生怕摔了磕了。而找你借相机的人是一个马大哈，把相机摔了磕了可能还是小事，搞不好还有可能把相机弄丢了哦。”我说。

“弄丢了就让他（她）赔！”我妈终于说话了。

“那如果给你磕伤了，但又没磕坏，比如把外壳给你划了几条印子，你们怎么办？”我继续说。

我父母陷入长久的沉默。

我知道，我的父母是那种可以预料到糟的后果，但还是说不出那个“不”字的那种人。

但是当我把同样的假设问题问一群年轻的群友时，这些群友的回答则简单很多，他们大多数是直接拒绝对方，还说：“自己都舍不得用的东西干嘛要借给不爱惜别人东西的人呢？这样的朋友不值得交，不要也罢。”

当然，我说的这两种情况并不是绝对的，只能说是一种相对普遍的现象。有的人看到这里会说，老年人思想就是不如年轻人干脆，要面子，不想借就不借，没什么大不了。

但真实情况是这样吗？

既然是老朋友老同事，也是相交了几十年的人，也许他们知道对方是一个不爱惜他人财物的马大哈，但这不代表对方就是一个有其他品质问题的人，且老年人的社交圈本就比年轻人狭窄很多，一个接触了几十年的朋友，难道就仅仅因为对方不太爱惜别人的财物，从此就不交这个朋友了吗？老年人做不到。这也就是他虽然不想借，但也说不出那个“不”字的原因。

而年轻人恰好相反。首先，对方可能就不是自己深交的朋友，而且年轻人的朋友圈似乎每天都在扩大，他们也许真的很不在乎少这么一个“不值得”交的朋友。所以，他们才会有那样的回答。

看到这里，读者可能又说了：说了半天，似乎你还是没有说到核心问题上，那要怎样做才对？

其实，我也不知道怎样做才是完全的对。我只能说，具体事情具体对待，在这里，中年人的答案可能相对来说比较值得参考。

比如一部分人说：“我会直接跟对方说这个相机是某某买给我的，上次我儿子向我借，我都没借给他。”这个办法很适合那些抹不开面子的人借鉴。

你找一个关系比找你借东西的朋友更亲近的人来做案例，

这个人可以是你的先生、太太、男女友或父母、子女等，用这些与你有着非常亲密关系的人做案例，让对方明白，他我都没舍得借，那么你这个关系还仅限于朋友或同事的人，我不借给你，也是因为我实在舍不得。

你这样说，对方大概心里会有点儿小小的不愉快，但也是他能理解的范围内的话。你们之间的友情，也不会因此而有了疙瘩。

如果你是在外地打工，在没有男女朋友的情况下，你一时找不出比来借东西的人更亲密的关系来开脱时，你也可以这样说："这个相机是我省吃俭用攒了半年的工资才买的，自己还没舍得多用，借给你，你一定要爱惜，否则，我们之间的友情就到此为止了。"

我想，对方听你这么一说，即使是一个马大哈似的人物，可能也会注意一些的。

假如对方是那种你知根知底，知道他是那种明明你交待过，对方也不会爱惜财物的人，那你真的可以直接说："对不起，上次我借给你的某某，千叮咛万嘱咐让你不要弄坏了，你还回来时还是给我划伤了。这个相机是我省吃俭用攒了半年的工资才买的，我真的不能借给你。”

这样说是不是比明明不想借却还得借，或者直接说“不借”要好很多呢？当然，如果当你针对不同的情况，采取了不同的拒绝办法后，对方因此而不理你了，认为你小气，那这样的“朋友”真的不是朋友，不交往就不交往吧，真正的友谊不怕说“不”。

听话听音，事先阻止对方提出的要求

我有一个小亲戚，今年刚读大一。

在她入学报到之前，我陪她去买了几套衣服，作为她新生活开始的礼物。其中有一件薄羊毛针织开衫是她最喜欢的衣服。当时还是夏天，这件衣服明显是秋季新款，价格不便宜，且一折都不打。看她着实喜欢且穿着也确实好看，我也买来送给了她。

小亲戚之前生活在小镇上，再加上之前只是普通的中学生，用她的话说，她都没穿过超过两百元的衣服。而这件一千多元的开衫对于她来说，简直是一份厚礼，姑娘对那件衣服真是爱惜的不得了。

前不久，姑娘到我家来玩，恰巧是20℃多的天气，正是穿那件开衫的季节。姑娘也确实穿着那件开衫来的。我一见她，就夸她漂亮，当时问了一句："同学们有没有夸你穿这件衣服好看？"没想到姑娘却告诉我，这是她第一次穿这件衣服。

我很诧异，因为温度降下来已经有一段时间了，武汉的秋天短到似乎从来没来过一样，于是对姑娘说："你还不赶紧穿，转眼就没机会穿了（天气变冷）。"

姑娘愁眉苦脸地叹了一口气，说："我早就想穿这件衣服了，但我很怕我们同寝室的一个同学借这件衣服穿。"姑娘告诉我，她寝室里有一个小名叫樟樟的姑娘，论家庭条件比她还好一些，生活费也比她高。但其有个坏毛病，特别喜欢借别人的衣服穿。

樟樟姑娘比我家小亲戚高一点儿，按道理，穿衣服应该比小亲戚大一个码的，但她自己并不介意。小亲戚告诉我，上次她穿着我帮她买的那条牛仔连衣裙时，樟樟就一个劲儿地夸她穿着好看。小亲戚本来被她夸得挺高兴的，但樟樟姑娘转口就说道：“星期六我有几个高中同学（本市不同校）约着一起去磨山玩，我没有好看的衣服，你把这件连衣裙借我穿一天，我保证，给你洗干净了还回来。”

我家小亲戚彼时跟樟樟姑娘还不太熟，但也在同一个寝室住了近一个月了。用她的话来说，为了处好同室室友关系，尽管她有点儿不太情愿，但还是把牛仔裙借给樟樟了。等樟樟姑娘把裙子还回来时，牛仔裙确实洗过了，只是洗得不太干净。不干净，小亲戚大可以再洗一遍。只是没想到，因为樟樟身材确实比小亲戚大一个码的原因，这件衣服我小亲戚穿得“游刃有余”，但被樟樟硬穿进去并玩耍了一天后，袖子下面的线明显有被绷开的痕迹。我说过，小亲戚以前没穿过什么好衣服，所以，看到牛仔裙被“蹂躏”成这样，她当时极心疼的。只是她什么也没说。

后来，这种事又发生过几次。所以，当天气转凉了后，尽管小亲戚极想把那件羊毛开衫穿出来臭美，但她还是忍住了，因为她知道，当樟樟看见这件衣服肯定又会找自己借的。而这件衣服的材质是针织的，被樟樟撑过后，十有八九会变形，所以，小亲戚就一直憋着没在同学面前穿。这次到我这里来，她都是趁着樟樟先出了门才把这件衣服穿来的。

听了小亲戚的解释，我跟她说："这哪行啊，买漂亮衣服的目的不就是让人看的吗？而且，你这一年才来我这里几回啊，仅仅是在樟樟没有机会看到的时候才穿，太浪费了，可能你一年都没机会穿这件衣服。没事，我来告诉你怎么对付樟樟。"

我告诉小亲戚，人要学会听话听音。比如下次樟樟再夸她穿某件衣服好看的时候，不能只顾着高兴，既然知道樟樟是什么样的人，就要提前给樟樟打预防针，可以说："哪有你说的那么好，我就觉得这件衣服穿着有点儿显胖。"或者更直白一点："这件衣服我还是蛮喜欢的，所以一直舍不得穿。上次，我姐（或你一个朋友）找我借这件衣服，我都没舍得借。”总之，你要在对方张口提出要求之前，堵住对方的嘴，让她说不出来后面的话，这样就省了自己面对别人提出的要求不好拒绝的麻烦了。

这种办法不仅仅是用在借东西上可行，用在借钱上也好使。

当你的亲戚或哥们儿找你借钱时，如果你并不想借，又不好直接拒绝时，如果你能做到听话先听音，对你的帮助非常大。

虽然，每个人的说话方式都不同，但借钱一方很少有一上来就直接向你借钱的（除非只是找你借出租车费这种小钱）。但凡借一定数额的钱，大多数人都不会直接开口，而是先问问你的工作、收入、房子等等，然后自己再报怨一下现在房价是多么高（这多半是借钱买房的，这笔钱应该不小）；或者报怨交通不畅通，他每天提前多长时间起床，还经常会迟到，老板又不讲情理等等（这多半是要借买车钱了）；当然，也有人会绕到自己的收入上，说挣的钱总是抵不上花出去的多（这个可能是借生活费的）……总之，凡事都有先兆。若是你知道对方找你并不是单纯地叙旧，增近感情，那么，你留没留心眼，对于他是否能开口借钱，还是有蛮大的帮助的。

同理，对于别人提出的找你帮的忙，是你不想帮的忙的时候，也要学会听话听音。比如当你的同事问你明天下午有没有时间时，你最好不要直接回答他。你可以说“明天下午啊，不知道哦，经理可能会找我，怎么，你有什么事吗？”这样回答，如果对方提出来让你帮忙做什么事，你就能很好地找个理由拒绝，如果对方只是想约你去打球或喝茶，你也可以接受。对于对方问你你的工作忙得怎么样了，你也可以用同样的办法回答：“工作哪有做完的时候哦，怎么，你有什么事吗？”

听话听音，把事情拒绝在对方开口之前，给自己一个选择的余地，总比对方已经开了口，自己再想办法拒绝要容易得多。

如何对付外强中干的吹牛者

写这篇文章前，我们先来“科普”一下吹牛皮的来历：兰州一带黄河水流湍急，木船常被碰坏，当地人就把整只羊皮晒干漆上油漆，吹气使它鼓起来，再把几只羊皮扎在一起，就可以渡河了。羊皮筏子较小，人们常用嘴把它吹得鼓起来。有一个人说他不仅会吹羊皮筏，而且还能吹起牛皮筏来，后来有人真的将牛皮拿给那人去吹，因牛皮太大，那个人怎么吹也吹不起来。从那以后，人们就用“吹牛皮”来形容爱说大话的人。

其实，我“科普”吹牛皮的来历有点儿多此一举，因为大家身边都免不了有吹牛皮的人，谁也免不了偶尔吹一下牛。当然，特定情况下，特定的吹牛是无伤大雅的，但有的人吹牛就特别让人讨厌了。这种人往往是那种随时随地都能吹牛，也特别喜欢吹牛的人。

比如某某同事或同学乔迁新喜，大家都去祝贺，肯定会说些这房子不错，地段好等话语来让房主心里痛快。但如果爱吹牛的人也在其中的话，他们就会说：“这房子是还不错，不过就是小了点儿。我和你说啊，我这个人没别的爱好，但住房子就喜欢住大房子。我在哪哪小区买了一套房，五室的……”如果大家都是知根知底的同事朋友，知道他是买不起大房的人，这种情况也难不到他，他会说：“我亲哥在哪哪买的房有两百多平米……”

从心理学角度来说，爱吹牛的人是为了补偿自我的需要和降低焦虑的需要才吹牛的。说通俗点儿，就是别人的成就让自己焦虑了，自己达不到那样的成就，感觉让人瞧不起了。

于是，为了从别人那里获得尊重而夸大自己的成就，或编造一些自己压根儿就没有的成就。这种人吹牛皮真的很让听者讨厌，对于这种人，我们又该怎么办呢？

对于那些吹大牛的人，比如他说：“我认识某某（要么是位高权重者、要么是名气很大的名人），你这点儿小事都不是事。”你可以顺着他的话说：“那我正好有件事，需要你帮忙。”比如他说和清华的某院长是亲戚，你就说你们家谁谁今年没考好；比如说他能在牢里捞人，你就让他捞你一哥们儿；比如他说他认识某名人，你就找他要名人的亲笔签名等等。

既然你知道他是吹牛，那么他说的肯定是假的，也就是说他说认识那些位高权重者是吹牛的，你找他帮的这些忙，他肯定是帮不了的，你这样说，他在你面前就不敢再吹牛了。因为只要他一吹牛，你就可以说：“上次你说你认识某某某，我托你办的事怎么一直没下文？”

其实吹大牛的人好对付，真正让我们头疼的是那些吹小牛的人。

比如一个年纪比我长几岁的同事就跟我说过这样一件事，她说她参加同学聚会期间，把随身包放在座椅上离开了一小会儿，进来时，正看到几个女同学在翻她的包。当然，她的同学翻她的包绝不是找什么东西，而是找这个包包的LOGO——想看看我同事的包是什么牌子的。因为我同事听到其中一个人说："没看到商标，不知道是什么牌子。"

当时我同事就走了过去，笑着说："别找了，我可没你们有钱，背的都是名牌包包，我这个包是杂牌包，几百块钱买的。"

这件事，从头到尾似乎没人在吹牛，但明白人都清楚同事的那几个女同学明显是想吹一下自己包包的牛，只是被我同事给堵住了嘴——我已经承认我不如你们了，你们还有什么好吹的呢？吹牛的目的不就是为了让别人认为自己比别人强吗？

这里，我同事用了肯定别人的办法来对付那些吹牛的人。

那么对于那种没给你机会先肯定他（她）的吹牛者，该怎么办呢？

比如还是这场同学聚会，爱吹牛的某女人主动问另外一个女同学（这个人物她也是经过筛选的，肯定是大家都知道其经济条件都不错的人）：“你这个包是COACH吧？我不喜欢这个牌子，虽然说这个牌子是上万元的高端货，但这个牌子都烂大街了。我也不喜欢用LV啊GUCCI啊这种牌子的包，我就喜欢用些小众的，比如我这个包，LOEWE的，一般人都不知道，但我这个包两万多元哦。我还喜欢CHLOE的包，CHLOE你晓得不？高圆圆最喜欢这个牌子了……”

碰到这种同学，真的让人有如梗在喉的难受感。这个时候，你该怎么办呢？

很简单，用转移注意力的办法就能应付。

比如你可以招呼大家吃菜，或者敬某位同学一杯，若还没开席，你干脆说你去一下洗手间。总之，你不接他（她）的茬，让他（她）没办法继续说下去就行。

如果你一时实在没找到转移注意力的办法，那就干脆装作没听见，自己之前在干什么，继续干什么，比如假装在刷手机，就是一种非常好的办法。

你还可以用自嘲的办法来应对。

“我哪能跟您比啊，您是用 LAMER 的人，我是用大宝的人，这压根儿不在一个层面上啊，没法比。”用这种把你们的距离拉开到天壤之别地步的自嘲来回话，对方也就只能打个哈哈，不会再继续吹牛了。

对付吹牛者好办，直面自己不好办。因为吹牛的目的说白了就是要别人羡慕自己，从而让自己很有面子的样子。但是，很可能你在生活中就是那个不知不觉的吹牛者，要注意哦！谁也不是傻子，你到底有几斤几两别人都看得见，别做了让人背后嘲笑厌烦的人，自己还在洋洋得意。

说服也要给别人一个台阶下

不管是在生活中还是学习中，亦或是工作中，我们难免会遇到明明知道某件事是谁做的，但因为没有确凿证据，让做这件事的人因为怕被责骂或害怕承担更大的责任，而矢口否认的事情，这个时候我们一边着急，一边却不知道怎么办，一不小心还可能和对方撕破了脸。

比如你某天在家的时候，家里一共有三个人：你和两个孩子。一个是你自己的孩子，一个是亲戚或邻居家的孩子（你们家里没有养任何小动物）。这时，你家里的一个花瓶被打碎了，而作为大人的你，恰好又看到了这一幕，或者根据孩子的惊慌程度，你已经推理出来谁是“凶手”。你本来并不想因为一个打碎的花瓶而责怪小朋友，但是，作为一个大人，你肯定不能对这件事视而不见，不发表任何评论与看法。那么，在这种情况下，很多大人都会用这种方式问小朋友：“是谁把花瓶打碎的啊？”

你问话的目的，也许只是想要小朋友自己承认花瓶是他打碎的，而接下来要说的话才是你的目的：以后玩耍时要小心。

但问题是小朋友不这么想，他也没给你接下来说话的机会。小朋友的思维很简单，他听你这样询问他，他会以为这件事你并没有落实到他头上（从心理学的角度来说，小孩子确实是这样想的），那么，如果他承认，估计会被责骂（根据经验判断出来的），于是，他明目张胆地撒了谎：“不是我打碎的，是他打碎的。”或干脆说出是柜子打碎的、是瓶子自己碎的等此类的话。甚至，哪怕你家里只有你和一个孩子时，他在面对你这样的询问时，他也是能撒出这样的谎的。

面对这种情况你是不是非常恼火？你本来并没想责备他，但因为他的撒谎，而且还是这么低级幼稚的撒谎，你简直不能忍耐。于是矛盾升级，要么“逼供”，要么“拷打”他们了。

但是，假如你换一种方式询问，小朋友是不是就不会撒谎了呢？

比如你说：“唉呀，花瓶被打碎了，你们也很伤心对吗？没关系，是谁把花瓶打碎的，谁就负责把花瓶收拾干净。”然后，你还可以加上你之前想说的话：“但你们要注意，花瓶是很容易碎的物品，以后在玩耍的时候，要离这些易碎的东西远一点儿。”

孩子也会因为害怕，或其他原因而不承认错误，这时，如果你给他一个台阶下，他会因此而打消了顾虑，于是他不但会承认自己就是打碎花瓶的“凶手”，还会高高兴兴地拿扫帚来收拾残局呢！

再比如，在学校的时候我们最常遇到的“小偷”情况：某位同学或老师的东西丢了，当然，东西小到还不至于让你去报案。比如一个U盘，比如一本书等。你明明知道“小偷”是谁，或者知道“小偷”就在某一小群人里面，你也想要回你的东西，但你知道，如果没有证人，“小偷”咬死不承认的话，你是要不回来你的东西的。如果你直接说：“某某，我怀疑是你偷了我的U盘。”这样说是肯定不行的，我想，哪怕你情商特别低也不至于这么说。

那么你该怎么说呢？

还是用之前的办法，给别人一个台阶下。

你可以说：“是谁不小心错把我的U盘拿走了？都怪我没做记号，你们自己检查一下，看看有没有多拿一个U盘，这里面有我一份资料，电脑里没存，丢了挺麻烦的。”

你这样一说，即使没拿你U盘的人也难免检查自己一番，看一看是不是真是自己不小心拿错了。而真正的“小偷”，如果不是存心想盗取你U盘里的资料，肯定就顺着你给的台阶下来了——说他错拿了。

当然，如果他是存心想盗取你的资料而偷了你的U盘，你也可以这样说："是谁不小心错把我的U盘拿走了？都怪我没做记号，你们自己检查一下，看看有没有多拿一个U盘，这里面有我一份资料，我刚发给老师了，老师让我修改一下，但我把邮箱里的那一份删了，又不好意思去找老师要。"

总之，在面对对方只是一时贪念，而你也不想因此而影响你们之间的友谊时，你要说服对方，给对方找一个台阶下，事情就会好办得多。

再比如刑警在办案的时候，面前的被询问者是案件的参与者或知情人，但并不是主凶。因为怕受牵连，或影响自己的前途或讲义气等原因，被询问者迟迟不把真凶交待出来。而刑警已经知道真凶是谁，在缺少指控的情况下，聪明的刑警就会用给对方台阶下的办法说："我知道，这件事中，你也是被某某蒙骗了对吗？"

这样一说，被询问者很容易就打开了话匣子。

说服也要给别人一个台阶下，不要认为我说的都是鸡毛蒜皮的小事，这些方法如果你学会了，你将终身受益。

拖延也是拒绝他人的好办法

在写这篇文章的时候，我第一反应是想到了前面的一篇文章《应承之前，先考虑自己的承受能力》。如果仅从标题来看，这两篇文章似乎并无明显的关联。但如果您看过我前面那篇文章，您就会明白我为什么会在第一时间想到这篇文章。

我在那篇文章一开头就提到，我曾经做过一件别人帮我忙，我还心生怨言的事。这件事之所以让我心生怨言，主要原因在于对方的拖延。

看到这里，读者可能就会问了：“别人拖延，你很生气。为什么你现在还要对我们说‘拖延’也是拒绝他人的一个好办法呢？”

读者有这样的疑惑很正常，但我回答起来更简单：因为一个是应承前，一个是应承后。即关于别人的求助或请求，您是答应了还是没答应。如果已经答应了，就不应该拖延了；而对于还没有答应别人的事情，那么此时的拖延，绝对是一个好办法。

洛洛就是一个非常会运用拖延来拒绝别人的女子。

看过我《有些痛，总有一天我们会懂》一书的朋友应该都知道，洛洛是我的一个好朋友，她年纪不小了，离异，自己开了一家小书吧。

我们都知道，一个适婚年龄却又单身的女子，总是免不了被“好心人”关照——介绍对象。我这里把“好心人”打上引号，没有贬义的意思，只是想强调这些人不管是出于对洛洛真正的关心，还是恰巧身边也有一个单身的男青年想撮合，但他们都或多或少忽略了洛洛的本心。

知道洛洛离婚原因的读者应该还没有忘记，洛洛的前夫对洛洛非常好，只是洛洛又碰到一个自以为是“对”的人，而选择了与前夫离婚。离婚后的洛洛与那个“对”的人在一起没多久就分了手。这样一个爱情至上，却又在心里对前夫怀有愧疚和想念之心的洛洛，怎么会有接受另外一段爱情的想法，至少目前没有。

当洛洛的直系亲属，比如她的父母姐弟，或非常好的朋友，比如我，给她提建议让她重新找一个对象时，洛洛可以直截了当地拒绝我们：“你们就别操那个心了，我现在过得挺好的，暂时没有处对象的打算。”但遇到有些关系没那么近，但人家又是出于好意的关心，洛洛又是怎么办的呢？这就是我要告诉大家的。

洛洛有很多“生意上”的朋友，这些朋友其实与洛洛的生意并没有直接的往来，只不过也同洛洛一样，也是开店的小生意人。其中有一位邻居大姐和洛洛的关系相当不错，她们俩的店是挨着的，偶尔店里没有其他人，洛洛要离开一小会儿时，总是让这位邻居大姐帮忙照看一下，当然，邻居大姐也会偶尔让洛洛看店。

这位邻居大姐热心肠、心地善良，是一个蛮不错的人。其对于洛洛这种三十多岁但又单身的女人总是抱有一种特殊的同情，尤其是看到洛洛一个弱女子使出浑身力气把货物从车上搬下来再搬到店里去时，邻居大姐总是一边帮忙，一边念叨洛洛：“女人啊，不管有多能干，还是应该找个男人。”此时的洛洛对大姐的唠叨并不反感，多是笑一笑，偶尔还搭几句腔。

某天，邻居大姐冲进了洛洛的店，神神秘秘地拿出一张照片，对洛洛说：“你看看，还可以吧？”

洛洛一看照片，是个看上去四十三四岁年纪的中年男人，脸上有着一看就是因为平时不穿西服，此时为了照相而穿上西服的不自然表情。洛洛看着照片，心里顿时就有了数。

邻居大姐开始介绍这个相片上的男人，说他如何如何的能干，人又如何如何的好，前妻是多么不知足和他离了婚等等。最后，邻居大姐提出要洛洛本周五晚上去某处见见这个男人的要求，“位置我都帮你安排好了，你去也得去不去也得去。”邻居大姐最后抛下这么一句话。

不管是人与人之间有缘分一说，还是洛洛是“外貌协会”的，总之洛洛在看到那张照片时，第一感觉就知道，这个男人不是自己的“菜”。但当时那种情况，洛洛真的不好意思拒绝邻居大姐，于是就答应了。结果见了面之后，洛洛不仅对那个男人没有好感，还心生反感。

如此又见了几个邻居大姐嘴里的优质单身男后，洛洛明白了邻居大姐对男人的品位。

对于她再介绍自己和单身男人见面，洛洛就会说：“唉呀不好意思，姐，我那天真没空（这里最好找一个理由，比如我要去我妈家）。”当然，大姐也不会就此放过洛洛，会继续说：“那下周，下周五……”洛洛打断邻居大姐的话说：“下周啊，下周五我有同学会（再次找理由），也去不了。”

当大姐又提到下下周时，洛洛会说：“还有半个月呢，谁知道会有什么事，到时候再说吧。”于是大姐就这样被洛洛打发走了。当然，大姐也有可能在半个月后再提见面的事，洛洛就会继续找理由不去。如此这般几次之后，大姐即使反应再迟钝，也应该明白洛洛并不想相亲了。

其实用拖延这个办法去拒绝他人，用在生活或工作中也同样有效。

当你的同学或同事，想让你做一件你并不想做，或你不想帮忙的事，而你又不好直截了当拒绝别人时，你就可以用洛洛这种办法，今天拖明天明天拖后天，把这件事给拖“黄”了。当然，我要再次强调一下，这里的拖延，是在你答应别人之前。如果你已经答应了人家，是万万不可以拖延的，假如洛洛已经答应了邻居大姐，下周五去和相亲对象见面。而到了下周五说临时有事去不了，改下下周五，到了下下周五，又说临时有事再约下周，这就是人品问题了。

你应承了的事，不管做不做得好，都要给别人一个答案、结果、回复，绝对不能拖延。这时的拖延是逃避，是懦弱，是敷衍，是不讲信用。而在你未应承他人之前的拖延，真的是不驳人面子拒绝他人的好办法。

5

CHAPTER

工作不是生活的全部，你要拒绝义务之外的事

面对没把握的事，该如何巧妙应对

这天中午，小张正在工作，老板突然打来电话："小张，下午公司要接待一个美国客户，公司的翻译出差赶不回来了，你来担任翻译。"说完，电话就挂断了。

小张愣了半天，有些左右为难。他进这家公司不久，是做产品文案翻译工作的。虽然同样是翻译，可是他负责的是文字翻译，而不是口语翻译。要知道，笔译和口译其实有很大的不同，而且小张也不是英语专业毕业的，如果接受了老板的要求，他担心自己因为翻译错误或说了客户听不懂的话而铸成大错。但又担心拒绝了老板，会让老板怀疑自己的工作能力，甚至有可能影响到老板对自己的印象，影响到自己的前途，毕竟，自己一直在做文字方面的翻译工作且刚进公司不久。

相信很多人都遇到过类似于小张的问题。这个时候你是接受老板的要求还是拒绝呢？

有人说："不要打没把握的仗。职场如战场，不是你擅长的地方，千万不要显摆，否则给老板留下不好的印象。"

还有人说："不敢做就直说，万一你说你能做，结果却翻译错了，把事情搞砸了怎么办，对老板还是实话实说的好。"

我想说，上面两个回答都不好。

这次的案例跟其他的案例略有不同，其他的案例是你内心本就想拒绝的，只是因为这样那样的顾虑，而不好意思或不敢说"不"。而现在的情况是，你知道你并不完全想拒绝，你只是没把握把这件事做好，甚至认为自己完全做不好。那么，我们该如何巧妙地对老板说"不"呢？

其实小张完全可以这样对老板说："您知道的，笔译和口译是两种完全不同的翻译工作，您不如让小李试试（一个你确定口语翻译比你好的同事），如果实在没人翻译我就翻译！大不了我用笔代替嘴来翻译！"这样一来，即让老板知道了，会笔译不代表会口译这件他可能并不知道的事；而且，你也给老板提供了一个更好的选择机会——比你翻译能力强的小李。退一步讲，若没有同事可以推荐的话，你也让老板知道了，我口语不行，我是为了公司着想，才硬着头皮上的，我甚至都愿意用笔代替嘴来翻译呢。

如此一来，万一你翻译的不好，甚至搞砸了，我相信老板也不会怪罪于你了。因为，如果你是老板，将要面对必须应对的客户，而专业接待人员又不在，你也会想到让和此专业最接近的职员来承担这份工作。其实，在老板心里也是做了事情已经这样了，只能试一试的心理准备了。但是，若是你不懂拒绝，而是在老板挂断电话后，你什么也没对老板说，那么，老板会认为你没有拒绝这个任务，会认为你能胜任。

那时，再出现翻译的不好或把事情搞砸了的结局，后果就可想而知了。

如果在老板实在找不出比你更合适的人选的情况下，你又没有按照前面两个设想来回答，而是直接拒绝了老板，又会造成什么样的后果呢？

中国有句古话叫“救场如救火”，如果在这种情况下，你不能婉转地表达自己的意思，而是采取生硬的拒绝态度，相信老板对你的印象会大打折扣，以后可能再也不会重用你了。

如果你向上面所说的，先是让老板了解，你对于答应他的要求是为了公司着想，而你并没把握做好，但你会尽力去做好。这样一来，你把到底用不用你做翻译的选择权抛给了老板，你就不用左右为难了。

最后总结一下，这里使用的办法是“先同意法”。这听上去有点儿矛盾，明明我想说“不”的，怎么还同意呢？其实你并不是真同意，也不是断然的拒绝，而是把主动权交回到对方的手中。

别做公司里的受气包

阿柯是我的一个网友，今天她在群里给我讲了一个她亲身经历的事儿。但在讲她这件事之前，我要讲讲我另外一个网友的故事，这个网友的网名叫“阿童木”。

“阿童木”平时不大在群里说话，某天，有一个网友提起来他刚参加工作那会儿，被同事“欺负”的事了，这件事估计是引起了“阿童木”的共鸣，于是他在群里开始吐槽。

“阿童木”说他在一家电子设备公司工作，负责技术方面的事。

“阿童木”去那家公司工作的时候，并不是刚毕业什么经验都没有的毛头小伙子，相反，他工作年限虽然不长，但有丰富的专业知识，在应聘时，得到老总的亲自肯定。

“阿童木”很聪明，再加上有经验，很快就对新工作上手了，每天都能及时保质地完成上级分配给他的任务。但很快他发现事情有点儿不对劲儿了。刚开始，还只是他办公室的小领导偶尔看到“阿童木”似乎在闲着，于是请他帮忙做点儿很简单的小事。小领导是同事，又是领导，而“阿童木”也恰好闲着，事情也挺简单，于是抱着与同事处好关系的想法，“阿童木”二话没说就答应了。也确实不费时间与精力就把事情做好了。小领导对于“阿童木”的帮助，也表达了自己的感谢，还非常热情地邀请“阿童木”晚上一起去喝酒。

“阿童木”去了，办公室内其他两个同事也去了，是小领导做的东。

但是，很快小领导又有了第二件需要“阿童木”帮忙的事，这回这件事就不像第一次帮忙那样简单了，事情要复杂得多。但还是在“阿童木”不用耗费太多精力就能解决的范围内。于是，“阿童木”又帮小领导把事儿做了。

紧接着，办公室的另外一位同事张三来找“阿童木”帮忙了。张三与“阿童木”平级，但资历老，年纪大，态度也挺诚恳，“阿童木”抹不开面子推托，于是也帮忙做了……帮了张三帮李四，帮了李四帮小领导……

“阿童木”意识到事情有些不对劲儿，他发现他们办公室里的四个人，似乎只有他一个人在正儿八经地干活。其他三个人的大部分工作，尤其是比较复杂的工作，都转到“阿童木”手里来了。“阿童木”有苦难言却不知道怎么开口拒绝，在他还没有想好要怎么拒绝同事们丢过来的不该他做的工作时，麻烦来了。

一件由“阿童木”经手的技术方面的资料出了问题，给公司造成了不小的损失。上级领导追查下来，本来该负责的张三及小领导，把这事全推到了“阿童木”身上。

“阿童木”虽然没有因此被公司开除，但被领导狠狠批评了一顿。所以，这才借别人提起的话题，说了他的遭遇。

对于“阿童木”这种经历，想必刚参加过工作的很多新人都遭遇过，只有强度不同或事情不同罢了。有的是被人指使着打杂当小弟般打水、拖地、买外卖等；有的如“阿童木”一样，被人吩咐做些属于别人的工作。我想，怨言肯定是有的，但具体情况具体分析，有些事，我觉得新人多做些还是有必要的，比如提前到了办公室，做做卫生也是应该的。当然，这只是我的个人看法，也不在我们今天讨论的主题内。我们今天讨论的主题是，不做公司的受气包。也就是说，如果别人故意欺负你，把不该你做的事都吩咐给你做，你该怎么办？

还记得我文章开头提到的阿柯吗？

今天我不教你怎么办，而是让你看看阿柯在遇到同样的事情时，是怎么做的。

阿柯可谓遇到了跟“阿童木”同样的事，她同样是一个有着丰富工作经验的人，由老板亲自面试并录用的。老板也给她分配了工作范围和内容。这样的工作对于阿柯来说很简单，她很快就明白了自己的工作重点与范围。

但是，发生了一点儿意外。她遇到了一个人。这个人我不知道她的名字，为了叙述方便，我暂且称她为张姐吧。张姐是公司的老员工，能力不强，但有一个长处——听话，所以也一直深得老板喜爱，且经常在老板面前晃悠。

大概是经常在老板面前晃悠的缘故，老板如果临时想到什么事，一抬头，就看到了张姐，于是就吩咐张姐去做。这个张姐有一个特点，不管老板吩咐的事是不是自己做得来的，她都应承下来，然后，她就吩咐其他人去做。

至于张姐用的什么方法让他人帮她做事，比如是不是打着老板的旗号，我没有问，阿柯也没有说。反正阿柯说了，大概张姐看她是新人，长得又年轻的缘故，于是特别喜欢吩咐她。

很快，阿柯就看清了张姐的为人。所以，在一次与老板聊天的时候，阿柯装作很无意地把张姐吩咐她做事的情况透露给了老板，并且阿柯还拿出了有力证据：微信聊天内容（张姐吩咐阿柯做事，很多时候是用微信发过来的）。

于是，老板很快就知道了张姐的为人。

当然，阿柯也说了，要不是张姐做一些太过分的事（跟“阿童木”差不多，有些黑锅让阿柯替她背了），她还不至于把张姐的行为捅到老板那里。当张姐吩咐自己做分外事时，自己装做听不见就行了。

阿柯的经历讲完了，至于你在公司里有没有当受气包，你比我清楚。至于你应该怎么处理，也要分人分事对待，所以，我就不乱出主意了。只希望通过“阿童木”和阿柯的做法，给你一点儿启发，那这篇文章的目的也算达到了。

不想当月光族，同事聚会可免除

刘涛最近有点儿苦恼，主要是离发薪的日期还有些时日，而同事们又拉他下班后喝酒了。

刘涛，大城市里的一个小职员，新婚半年。老婆还未怀孕，同样也是大城市的小职员。他们俩都是普通家庭的孩子，普通大学毕业，做着一份普通的工作，拿着一份普通的工资，过着和很多普通大众一样的生活。同样，也有着普通大众的烦恼——不太饱和的钱包。

普通的刘涛，还有一点儿与普通的你我不太相同——他工作的单位年轻人特别多。年轻人多，自然聚会就多，刘涛也是一个大男孩，经常跟着他们一起玩。但玩了一段时间后，刘涛遇到了烦恼——钱包瘪了。年轻人有年轻人的好处，他们聚会都是AA制，但不管是AA制，还是有人做东的情况，作为同一个公司的同事，刘涛不能总是白吃白喝别人的，一圈轮下来，刘涛怎么着也得回请一下大家做个东吧？但不管是哪种方式，一段时间下来，刘涛一个月的工资基本上就报销了。

可刘涛还要养家啊！还要还房贷啊！还要买礼物哄老婆、丈母娘啊！还要攒钱生娃啊！于是，面对同事们又一次的邀请，他苦恼了。

其实刘涛不是没想过拒绝，而且，与他有着同样烦恼的也并非只有刘涛一个人。比如他同一个办公室的兄弟也有这样的烦恼，两个人在一起时没少吐槽。但没办法啊，那兄弟说了，之前他有个同事（他比刘涛早来公司两年），就是经常不参加同事间的聚会，最后大家都边缘化他，说他性格孤僻的有之；说他清高的有之；说他小气舍不得钱的有之；说他怕老婆不像个男人的有之…… 总之，大家不但胡乱议论他，还没有人愿意跟他多交往。在同一个公司，低头不见抬头见，没有一个人愿意跟你多说话，没有一个人把你当朋友，你待着有意思吗？所以他没多久就辞职不干了。

因为同办公室的兄弟告诉刘涛这些话，所以，在面对同事们的聚会邀约时，刘涛就是再不情愿，若没有合理的理由，他还是不能拒绝。

同事间的偶尔联谊，偶尔聚会，对联络感情确实有帮助，对身体及精神放松也有益，所以偶尔去参加一下，还是有必要的。

但是，过于频繁的邀约尚且不说家里那位会有怨言，就是自己的钱包也吃不消啊。

我相信，类似有刘涛这种烦恼的人一定不在少数。

那么，对于刘涛遇到的这种情况，或者是其他你不想参加的邀约，你该怎么拒绝呢？

其实，面对这种同事的邀约并不是不能拒绝（刘涛办公室的兄弟讲的案例，我估计是那个人用的拒绝方法不得当，才造成人家在背后议论他，最后再被孤立），这里我给大家提供两个建议，也许会对你有帮助。

第一种办法是针对邀请者是比你地位高的人的。你可以先恭维一下对方："谢谢您看得起我这个小兄弟（或新人），我很荣幸（同事间可以口语一些），但我某某工作还没有做完，还在加班中，实在是抽不出时间来。"

你说得诚恳，且也对别人的邀约表示了感谢，理由亦充分，让别人说不出闲话来，我想对方必定不会强你所难了。

方法二是针对和你地位差不多的同事或哥们的邀请的。你可以先肯定，再拒绝。如"唉呀，去吃烧烤啊，我好想去，好久没吃烧烤了。但是哥们，真对不起，我今天实在是有事去不了，下回吧，下回一定去。"

其实，拒绝别人的邀约不是不可以，但万万不要直白地把人怼回去，以免让人心生"此人真不识好歹，好心好意约他一起吃饭，他还一副假清高"的想法。

各司其职，你没义务收拾别人的烂摊子

小萝和米米是同事，她们是在参加工作后才知道两人居然是同届校友，只是之前不认识罢了。都说他乡遇故知会特别感动，小萝和米米当时也有这种感受，所以很快两人就成为了好朋友，并商量着一起租了房，成了同居室友。

在“同居”了一段时间后，小萝嫌她们租住地离公司太远，车也不太好搭，所以想在公司附近租一个房子。米米说公司在城市的中心地段，附近房租她了解过，是她们现在租房地段的一倍的价格。以她们目前的薪水来说，还是受点儿累住

远一点儿更合适。

当时的小萝说了一堆在公司附近租房的好处，比如能省下多少车费，能省下多少花在路上的时间等等。其实小萝说的这些米米都懂，她也有些心动，但省下的那些车费及时间跟房租来比，比例还是小了些，所以她继续坚持在现租地再住一段时间。

某天，米米还在上班，小萝一个电话打了过来，说：你快去某某小区某栋某号，我跟房东约好了交房款的，今天是最后一天期限，不交，我的押金就泡汤了。

米米大吃一惊，问米米这是怎么个情况？

再三追问下，小萝告诉米米，她上周去税务局办事，事情办的出奇顺利，回来后发现时间还早，所以就没回公司，在附近转了转，想看一下有没有合适的出租房。未曾想还真让她相中了一个房子，于是当时就付了一个月的房租做押金，约定一周内交齐剩余 6 个月的房租。今天是交房租的最后一天，不交，她付的押金就泡汤了。

米米那个气啊，小萝擅自租房一个星期了居然都不告诉自己。不告诉自己也就罢了，还一次性要交6个月的房租，她这个刚参加工作才一年的年轻姑娘，哪有存款交6个月的房租啊！最关键的是，小萝说她在外面办事，跟老总在一块儿，实在没时间给米米打款，这个电话都是自己上卫生间时抽空打的……

但是，生气归生气，米米还是四处找人借了钱，然后去了小萝发过来的地址上的某小区，她也知道，她们挣钱不容易，不能让小萝那一个月房租的押金真的扔水里了。

此事如果仅仅是如此，也就罢了。关键是米米垫付的6个月房租里有一半是她找其他同事借的。当时，米米满心以为小萝会把应该共同分担的3个月房租还她，这样她就能还给同事了。未曾想小萝却找各种理由推脱，直到最后，米米几乎是靠天天吃咸菜萝卜把借同事们的钱都还上了，小萝还没有把另外3个月房租钱给米米（其实小萝也不是有意不还米米钱，她当时是真没钱）。后来的后来的，小萝终于把钱还给米米了，只是那段时间，由于小萝的冲动与考量不足，让米米因为经济上的困窘过得实在是辛苦……

如果说生活中这种由于一方的冲动及考量不周，而导致的烂摊子，帮忙收拾一下尚属于能原谅的范围，那么，在工作中经常帮同事或领导收拾烂摊子就非常让人不爽了，有人甚至形容像吃了死苍蝇般恶心。

比如小刘和我讲的事就属于这种情况。小刘说他们公司是做项目的，需要做标书。标书里的授权书需要办公证，小刘就是负责办公证的。但标书这一块儿是由经营部负责，每次都是经营部把需要做公证的授权做好后交给小刘，然后小刘再去做公证。后来经营部新来了一个小伙子，说是新来的也有半年之久了，却把一个简简单单的授权经常做错，不是把项目名称写错了，就是把身份证号码写错，要么就是日期有问题，总之，因为经营部这个小伙子的错误，小刘被迫增加了不止一倍的工作量。一遍一遍重新办公证不说，还得和公证处的人说好话，想着能不能在费用上有所减免……

由于分工的不同，小刘不得不或者说必须要帮别人收拾烂摊子。还有一种是因为你的同事做事不力，造成你被迫帮他收拾烂摊子的。比如你某个同事，把你精心准备上报的资料，不小心当废资料用碎纸机碎了，你是不是还得重新准备一份？再比如你同事做事总喜欢拖延，而你的工作是需要这个同事配合的，即他的工作做了，你才能做后续的工作。但因为他的拖延，可能会耽误你的事，为了不被领导骂或者不耽误事儿，你只好去帮你同事把该他做的事做了。而这个时候你的同事不但不感激你，还认为这件事就不应该分开两个人做，本来就该让你做。当然，做好了，功劳是他的，做不好，责任是你的；还有的人甚至认为你管得宽，超级爱表现爱出风头，既然你那么爱表现，那以后都由你做……

在工作中，帮同事收拾烂摊子这种事，大家想必都遇到过。一次两次，我们是可以原谅对方的；若对方不是有意为之，我们同样也能原谅对方。但有那么一种人，自己不求上进，还懒。当你好心帮过他几次，他非但不心生感激或反思自己的错误，甚至会认为这事就是你该帮他的，或者认为就是该你做的，这种人就非常让人讨厌了。对付这种人，你不妨直接拉下脸面，拒绝为他的错误买单。

当然，你要分清什么时候是帮忙，什么时候是收拾烂摊子，不能一味地把同事间该有的互帮互助也当成了帮人收拾烂摊子，那会造成你极没有人情味的可能。

顾客不是全都对，客户的无礼要求要拒绝

中国有一部很有名的电影《手机》，其实韩国也有一部电影叫《手机》。只不过，韩国的电影《手机》与中国的电影《手机》就故事而言完全不同。韩国电影《手机》在题材是上一部悬疑惊悚电影。

为了我阐述后面的观点，在这里，我要凭记忆先复述一下韩国电影《手机》的大概剧情。

这部电影的男主角是一个落魄的明星经纪人，正在经历着人生的一大危机。他欠了一大笔债，无力偿还。他的妻子

还有了外遇。男主角只有靠他现在力捧的某个新人偶像才能挽救他的事业。就在这个新人面临着一次大红机会的关键时刻，男主角却收到了狗仔发来的这个新人的XX视频。糟糕的是，存有XX视频的手机还被男主角弄丢了！捡到手机的人貌似是一个好心人，愿意归还手机，不过却一直不见动静。

渐渐地，两个人开始了一场心理较量……

这部电影前半段部分紧张、悬疑，气氛营造得很好。手机丢了，直接影响到了男主角的事业乃至一生，而捡到手机的家伙，偏偏对还手机的事情态度暧昧，要求多多，一直提出一些不合理要求让男主角去做，这样才肯还手机。比如去砸某辆车，去打某个路人等等。

为了拿回自己的手机，为了自己的前途与事业，男主角一直隐忍着心中的愤怒，按照捡手机者的要求去做那些违法的事。

但是，就在男主角按照捡手机的家伙的要求，把那些奇怪又违法的事情都做了之后，他最担心的，也最能影响到他事业与前途的新人的XX视频还是被发到了网上……新人大红的机会失去了，他作为新人的经纪人，也失去了在事业上翻身的机会。

于是，愤怒的男主角凭借捡手机者一段短短的通话背景，查到了捡手机者的工作单位及真人。一场报复行动展开了。

我如此详细且大段地复述电影里的情节，是因为这部电影与我今天要讲的主题太接近，太密不可分。

下面继续复述电影情节：

就在男主角找到捡手机者，并且把他痛打了一顿拿回手机后，我们才知道那个捡手机者，为什么迟迟不肯把手机还给男主，而且还一而再再而三地提出一些无理要求让男主角去做。

原来那个捡手机的家伙是一个超市经理，他捡到手机并不想据为己有，也没想通过手机里的XX视频敲诈男主角。相反，他的母亲得了重病，在医院里等待着他拿钱去治疗。而他为了给母亲挣治疗费，为了不被超市开除，在超市过着如狗般的生活。

电影故事讲到这里，读者可能会问：为什么他在超市过着如狗般的生活呢？

原来超市经理每天都要面临各种顾客的投诉，合理的好说，这是他应该给予解决的。但是对于顾客那些无理要求，比如明明因为自己使用不当而造成损坏的物品，却拿回超市要求退换；比如顾客对超市女服务员性骚扰，拒不承认的顾客还对去解决问题的他大打出手；比如明令禁止宠物入内的超市，偏偏就有顾客要把宠物带进来不说，宠物跑丢了还要他趴在地上像狗一样去寻找……总之，都是一些顾客的无理要求，而超市经理为了不被顾客投拆，不被领导批评，他一律选择了隐忍和道歉，此举就连同为超市的同事，都看不过眼……

而他，心中也积满了对这些无理顾客的怨恨与不满。

于是，心中有怨气却无处发泄的超市经理，在他捡到手机后玩起了自己一直想玩，却不敢玩的游戏：让男主角替自己报复那些无理取闹、欺负自己的顾客!

这则故事的结局是一个大悲剧。我这篇文章不是影评，对电影不做评价。我只想说，这个悲剧的产生，表面上是因为捡到手机的人没有痛痛快快归还手机造成的。但超市经理之所以没有归还手机，是他见财起意吗？不是。他只是想借他人之手来发泄自己的私愤。但他的不满来自于哪里呢？真的是来自那些无理顾客的无理要求吗？有这些原因，但这只是外因，真正的原因来自于超市经理对自己的痛恨：明明是顾客的不对，我还得挨着巴掌陪笑脸；明明是顾客的无理要求，我还得满足他们……

生意场上有句公认的话：顾客永远是对的！我不知道这句话来源于哪里，出自谁口，但我没有百度一下的兴致。因为我知道，作为服务业，你可以把顾客当上帝来对待，但万不可让自己像孙子般毫无原则地退让。因为顾客不可能永远都是讲理的，不可能永远都是好人，他们也有不合理的要求甚至过分行为，对待这种人，我们没必要打落牙齿和血吞。

你可以用笑脸对待他们，你也可以适当地调节，但不能像《手机》中的超市经理一样，一味地把那些委屈吞到肚子里，该义正词严的时候就要义正词严，该不答应的时候，就要不答应……

给自己留点儿人格，给自己留点儿体面，比仅仅给自己留住一份工作要潇洒得多。

6

CHAPTER

别把爱情当游戏，
你不玩人也莫让人玩你

爱情不是用奉献来维持的

我们都知道，爱情是关心，是理解，是尊重，是责任……爱情是一种奉献，而非索取。没错，这是爱情的真谛，但很多人却理解错了“奉献”二字，误以为要维持爱情，就得无时无刻无私奉献。

姑娘小刘就是这样的人。

刘姑娘和李小伙是一对夫妻。

传说当初是刘姑娘追求李小伙的，此言真假我不得而知，只知道李小伙确实是很有异性缘的人，围绕在他四周的姑娘特别多，美女型的，有钱型的，事业型的，个性型的……

李小伙恰好又是那种温柔型的暖男，对每个向他示好或请求帮助的姑娘都温柔以待。也许正因为这样，让各方面条件都不错的刘姑娘，还是没有安全感，于是才造成了后面的局面。请大家继续往下看。

刘姑娘的收入不错，比李小伙还高一点儿，但她从来舍不得去商场给自己买衣服。如果去商场，必定是帮李小伙挑衣服。李小伙本来长相就不差，再被刘姑娘一打扮，越发帅气有吸引力，刘姑娘也因经常听到有人夸自己的男友帅气而自豪。但是，她自己从来舍不得在商场买衣服，就那几件旧衣服翻来覆去得穿，实在没得穿了，她就去地摊或淘宝淘便宜货。

在家里，刘姑娘更是什么家务都不让李小伙做，买菜、做饭、洗衣、拖地她一手包干。李小伙在家里是衣来伸手饭来张口，闲了就看电视打游戏，无聊了就找哥们去喝酒。一次，刘姑娘生病起不了床，让李小伙给自己烧点儿热水，可他都不知道烧水壶在什么地方！

这还不是最让人担心的。最让人担心的是刘姑娘单身时挺有性格、挺有主见的一个姑娘，自从和李小伙在一起后，变成了完全没脾气、没主见的“三从四德”型的女人。

刘姑娘的父母有一套旧房子，给了刘姑娘。

刘姑娘当时想：那套房子在市中心，租出去房租不低，而且那儿地段有人传要拆迁，怎么算都是租比卖划算。

李小伙却觉得把房子卖了，一次性他们就拥有200万元了，生活品质将会提升不止一个档次，所以极力建议把房子卖掉。

关于卖房这事儿刘姑娘的父母及朋友都劝阻刘姑娘不要卖，朋友说现在房价不算高。不管那块儿地是拆迁，还是单纯地卖，过几年再出手肯定比现在出手划算；父母则更直接，说那房子如果不卖，就是刘姑娘的个人财产，即使将来和李小伙有个什么，这房子也是刘姑娘未来生活的保障。如果卖了，就是夫妻二人的共同财产了。所以父母坚决反对刘姑娘卖房。

但是，李小伙一个劲儿地劝说李姑娘卖房子，说现在把房子卖了是如何如何划算，人生苦短，要提前享受生活。于是，李姑娘就真的把房子卖了。

有了200万元，李小伙拿着这些钱开了一家小店，然后折腾来折腾去，生意亏了！那200万元，用了一年时间，没剩几个钱。最后李小伙把店盘出去了，所剩钱财只有20万元了。

仅一年时间，刘姑娘的一套市中心的三居室，就变成了20万元现金。那间小店真是亏了吗？未必见得。有人传李小伙盘店是假，把钱合理转入自己私人账户是真。此事是真是假，我也无从得知了。

更可怕的是，在李小伙开店期间，刘姑娘怀孕了，怀孕初期反应非常强烈，吃什么吐什么，连胆汁都吐出来了。李小伙拍着胸脯很男人地对刘姑娘说："你都吐这样了，还上什么班，把工作辞了。我现在有工资有店铺，养得起你。"

刘姑娘刚开始不同意，说小店刚开张，还没赚到钱呢。而且医生说了，孕初期反应属正常现象，一般一两个月就好了。把那么好的工作辞了，将来再想找同样的工作，就难了。

李小伙又不高兴了，说：“你不相信我的能力？放心，绝对不会让你们母子喝西北风。”总之，李小伙坚持让刘姑娘把工作辞了。于是，刘姑娘又在众人的反对下，把工作辞了。

事情到这里就结束了吗？不，如果你这样想就太天真了。刘姑娘把工作辞了在家里安心养胎，李小伙则掌握了家里的所有经济大权，李小伙究竟把钱用在了哪里？刘姑娘也不知道。当刘姑娘挺着五个月的大肚子在家做饭的时候，一个年轻的小姑娘找上门来，这时，她才恍然大悟！

但是为时以晚！

最后的最后，刘姑娘拿着20万元离开了李小伙……

每每说起往事，刘姑娘真的像书上写的那样一把鼻涕一把泪。“早知道，我就不听他的，把房子卖了；早知道，我就不听他的把工作辞了；早知道，我就不打扮他，而把自己变成累死累活的黄脸婆……”所谓千金难买早知道，世上从无后悔药！

这一切仅仅是李小伙造成的吗？

刘姑娘自己以为爱情就是一味用奉献来维持的，才是造成这一切的真正原因！

真正的爱情需要奉献，但不是盲目奉献。这就和父母对待孩子差不多，你要爱他，还要教育他、管束他。

同样，在爱情中，不管是谁爱谁多一点儿，切忌不要丢弃自己的思想与主见，丢弃自己的人格来讨好对方，这不叫奉献，这叫讨好。比如有些姑娘，为了留住那个不太把自己当回事的男人，而把自己的身体奉献给对方……当你把自己放在一个过于低、过于谦卑的位置上，非但得不到对方的尊重，还得不到对方的珍惜。一旦对方遇到他认为更合适的人，就会毫不留情地一脚把你踹开，这是必然的结局！

提高品位，远离猥琐男

我记得我曾经看过一条文章，作者是一位女性。

文章大意是说，她搞不懂为什么很多长得挺漂亮的姑娘老大不小了都没有男朋友，如果是这个姑娘不想找还好说。好多姑娘明明想找却又找不到，主要原因是因为这些漂亮姑娘总喜欢摆出一副高冷范，搞得似乎每个和她接触的男性都想打她主意似的。

作者说她就不是这样的人，随后，她“谆谆教导”那些姑娘，做人要随和，人家请你吃零食，没什么，你吃就是了；

人家找你跳舞，没什么，你跳就是了；人家约你看电影，没什么，不就是看个电影吗……然后她又说，是你们把人心想得太复杂……最后，她的落脚点是：你看我就不把男人想得那么复杂，他们主动邀请我，我一般都不会拒绝，而我有什么事需要男人帮忙，也会主动找他们，他们也不会拒绝。现在，我的异性好友非常多……

看这篇文章的时候，我一直在笑。我想，虽然我不认识这位女性，不知道她长什么样，但她如果真的是一位女性的话，要么长得很难看，要么年纪大到让男性失去了欲望。

并非我恶毒，我只是实话实说罢了。

男女之间存在纯友谊吗？

我就这个问题曾问过很多男性与女性。

所有男性的回答都非常一致：不存在。

而女人的回答则分为两种：存在和不存在。

从男女对这个问题的回答，就可以看出一些端倪。

单纯的姑娘，总以为那些靠近她、帮助她、陪她聊天，为她解忧的男人，只想和她做朋友。我想说，姑娘，你别天真了，这是不可能的！

继而，我又想到一些问题：为什么姑娘们，尤其是漂亮姑娘们碰到的“渣男”特别多？姑娘们在被男人利用了、玩了、甩了之后，在痛骂那些男人不是东西，是人渣的同时，有没有思考过自己的问题？

有句俗语想必你们一定听过——苍蝇不叮无缝的蛋。

估计此语一出，不知道有多少姑娘，尤其是被“渣男”伤过心的姑娘要大骂我不是东西了，她们会质问我什么叫苍蝇不叮无缝的蛋，你的意思是说我也不是好东西，是坏女人吗？

我还真没有这个意思。

我这样说，只是想表达，这些“渣男”之所以能靠近你、伤害你，是因为你给了他机会。

听这我样说，可能还会有大部分被“渣男”伤害过的姑娘会说：“什么叫是我给了他机会？难道“渣男”会在自己脑门上贴上“渣男”二字吗？在我没和他相处之前，我怎么知道他是“渣男”。

其实，“渣男”脑门上，一般情况下还真写着“渣男”二字，只是你看不见。或者，你被他帅气的外表、温柔体贴的性格或多金的豪迈吸引了，从而视而不见。

他们的温柔是一剂毒药，他们的一掷千金是杀人不见血的刀……严格来说，这世上真正的“渣男”是有，但并没你们说得那么多。很多时候，你和他的爱情已经变了质，在你还没放手时，他已经先放了手，甚至已经找好了对象。这时，你会毫无理智地大骂对方是“渣男”，这样说并不太客观。真正意义上的“渣男”也许并不是那么多，但猥琐男是真的很多。什么是猥琐男，我后面会讲，我先来说说什么是真正的“渣男”。

什么是“渣男”，并没有确切的定义，大概有下面几种类型：吃软饭的、没担当的、假仁义的、真浪子的等。

但是，仔细想来，人上一百，行行色色。这种男人本来就一直存在，为什么让你遇到了？仅仅是你运气不好吗？还是被骗了？大多数遇到“渣男”的姑娘都会说自己是被骗了。但是，姑娘，他用什么骗的你？他还不是用他的温柔、体贴、细心、金钱、外表等等骗的你吗？也许，这个男人最初是想骗你，也许他并不想骗你，但不管怎么样，是你选择了这些他能带给你的“福利”，所以你才心甘情愿地被他骗啊！

如果当初你睁大眼睛，发现他体贴的外皮之下还藏着遇事就跑的“软蛋精神”；发现他带你购物时金卡一刷的豪爽下，还藏着见一个爱一个的花心；如果你发现他温柔的细心之下，还藏着不负责任的懦弱；如果你发现他英俊的外表之下，还藏着不肯努力上进的懒惰……你是不是自己就把这些所谓的“渣男”拒之门外了？

如果他还是那个温柔却软弱的他，如果他还是那个英俊却懒惰的他……那他就只是他，而不会成为你嘴里的“渣男”。

所以我说，这世上严格来说没有很多“渣男”，有的，大多是猥琐男。

什么是猥琐男？就是明明自己不上进，明明自己懒惰，明明自己见一个爱一个，明明是自己不负责任，明明是自己没担当……这样有着各种缺点的男人，他却死缠烂打地跟着你，追求你，这种男人，就是猥琐男。

这些猥琐男一旦得到你们给予他的一点儿机会，他就会从那个名叫机会的缝里挤进去，一点儿一点儿侵占你的心。当你被他俘虏并伤害后，他们就变成了你嘴里的“渣男”。

那么，你为什么要给这些猥琐男伤害你的机会呢？

这是不是有你的责任呢？

比如像本文开头写的那样，你和男人一直保持着和同性一样的距离，甚至于对于男人给你的小恩小惠或者帮助还沾沾自喜。如果是这样，他不伤害你，又伤害谁呢？

如果苍蝇不叮无缝的蛋这句话你听着不舒服，那么我说，一个巴掌拍不响，是不是可以让你更理智点儿呢？

都说可怜之人必有可恨之处，你的被骗，不仅仅只是因为你天真、善良、处世未深。多看点儿书，多提高自己的品位，遇事多思考，少占便宜，与异性之间相处保持一个合适的尺度……这样，猥琐男也自然不敢惹你了。

如何拒绝你不愿意得罪的异性邀约

梦梦自己开了一家小公司，现在正面临着重大的生存问题。如果她以前认识的一个贾老板肯帮忙，她的公司就能起死回生。贾老板邀请梦梦参加他举办的舞会，并介绍自己的弟弟军和梦梦认识，其中意味不言自明。刚开始，梦梦对军的感觉还不错，可几番接触下来，梦梦发现军和他哥哥完全不同，是个轻浮的人，喜欢吃女人的“豆腐”，于是对他印象非常不好了。而军却对梦梦很感兴趣，有进一步交往的欲望。

在舞会快结束的时候，军对梦梦说：“下周我们一起去爬山怎么样？”

梦梦打心眼里不想去，可是想到他是贾老板的弟弟（贾老板早年父母双亡，小小年纪就承担了照顾弟弟的责任，对弟弟的感情可不是一般的兄弟感情。这一点儿，生意圈的人都知道），自己现在又有求于贾老板，她很担心自己因为拒绝了军的邀约，而让军在贾老板面前说自己的坏话。于是，硬着头皮答应了。

结果周末爬山的时候，尽管梦梦已有所防备，但还是被军占了不少“便宜”，梦梦快恶心死了。但是，爬山还没结束，军居然提出来下周再去钓鱼的邀约了。梦梦都快后悔死了：“为什么我上次没直接拒绝军呢？”

一方面贾老板对军的感情似兄似父，一方面梦梦也要寻求事业的发展，在如此情况下，如果直接对军说不，会让他在面子上下不来台，那么梦梦对贾老板的所求之事肯定会泡汤。但若像梦梦那样，明明知道军为人轻浮，一旦答应他的邀请会被吃尽“豆腐”，心里肯定也堵得慌。

我们先分析一下，梦梦明明想拒绝军的邀约，却为什么不敢直接对军说“不”呢？

因为她还不能正确地认知自己，正确地了解自己。

为什么会这样说呢？梦梦明知道自己想拒绝军的吗，怎么会是认知不清呢？

假如，梦梦能正确地认识到自己想坚持的是什么，她的问题就不成为问题了。因为，她现在面临两个选择：第一，寻求事业上的发展；第二，更尊重自己。

如果她能更清楚地认知自己，看清自己更重视哪一方，她就能知道：哦，其实相对于事业来说，我更尊重自己的人权。那么，她就一定会拒绝军的。如果她是个事业心强的女人，她就可以不介意被军吃“豆腐”，应了军的约，也不会让她心头添堵了（这里，我无意解释道德观，我只是就此事来分析）。

从前面可以看出来，梦梦是属于更尊重自己的那一类人，而她之所以没拒绝军，除了对自己认知不清外，还有一个原因，就是不知道怎么在不得罪军的情况下，拒绝他。

其实，面对这种情况，梦梦大可不必左右为难，直接用“找借口”的方法就可以拒绝军了。比如梦梦可以说：“真不好意思，周末我和姐妹约好了要去看电影。”假如军继续说：“那下下周怎么样？”梦梦则可以说：“我们家规定每隔一周就要聚一次会，下下周我要回家聚会。”或者干脆说：“我和男朋友约好了……”这样一来，但凡对方是知一点儿趣的人，都会明白你的意思了，也绝对不会提出下下周的邀约了。

在使用“借口法”拒绝你不愿意得罪的异性邀约的时候，应该特别注意两点：你的语气和你说话的态度。

首先，你的态度要温和，要面带微笑，但语气一定要坚决、肯定。若态度是冷冰冰、硬梆梆的，这和你直接说“不”的效果也没太大区别了。若你面带微笑，而语气又不够坚决、肯定的话，对方又可能会认为：她也许真的是这两周都没空，并不是真的想拒绝我，我也许还可以再找机会邀约她的。一旦你给对方留出了再次邀约的机会，想要在不得罪对方的情况下拒绝他，就困难得多了。

不喜欢的追求者，可以发好人卡

在前面一篇文章中，我们聊到了如何拒绝不愿意得罪的异性的追求，在这篇文章中，我们来谈谈面对你不喜欢的追求者，该怎么办。

这两者还是有区别的，不愿意得罪者，可以是你不喜欢甚至有些讨厌的人，但出于某种原因，你不愿意或不能得罪他。不喜欢的追求者，是指你不想与之发展成男女朋友的追求者，而这些追求者有可能你们本来是很好的朋友，有的甚至是你很喜欢的人，只是这个喜欢只是单纯的朋友间的喜欢，你不想因为你的拒绝而让你们连朋友都没得做，或者造成相见尴尬的局面。

那么，面对这种追求者，你完全可以用发好人卡的方式来拒绝。

比如林小伙和张姑娘，他们俩高中就是同桌，没想到大学还是同班。高中那会儿，两人在班上的名次一直就挨得挺近，不是这次你高我一名，就是下次我高你一名，两个人互相帮助互相铆劲儿地学习，课余，二人也会讲讲笑话，揶揄一下某老师。二人一直相处得很融洽，张姑娘也从没想过他们之间还能发展出除了友谊之外的其他情感来。

谁曾想，某天林小伙在约张姑娘吃完饭之后，半开玩笑半认真地对张姑娘说：“你们寝室的几个女孩都有男朋友了吧？巧的是我们寝室几个兄弟也都有女朋友了，就我一个没脱单。咱俩一个孤男一个寡女，要不也凑和凑和？”

面对林小伙半表白半开玩笑的试探，张姑娘很聪明，用调侃的方式化解了：“唉哟，我去，你今天吃错药了吧？搞不清楚状况的人还以为你在和我表白呢，别玷污了咱俩清白的男女关系好不好……”

林姑娘这样说，只要林小伙不是情商低到二的程度，就会明白是怎么回事了。

还有一种男生会用发手机短信、发 QQ 短信、发微信等来表白。你该如何回应呢？

这种方式更好解决。

不管对方是像林小伙那样半开玩笑半试探的方式，还是发来诸如：“我喜欢你！”“做我男（女）朋友吧！”“我想你了！”等话语直接表白，你都可以揣着明白装糊涂。比如发一个吃惊或受惊吓的表情，说：“兄弟，你发错人了吧，可别吓唬我。这要是让你们家那位（或我们家那位）看到，我跳进黄河里也洗不清了。”或者说：“我的天！幸好你错发到我这里了，万一错发给其他姑娘（或小伙），会让人家误会的。”总之，面对诸如此类的表白，你揣着明白装糊涂就好。

同样，对方只要不是特别糊涂，一定会明白你的意思，你也很好地给了对方台阶下。对方很有可能会打一个哈哈，然后借坡下驴说确实发错了。

如果对方是那种铁了心要和你表白的人，那么，没什么好说的，直接面对吧。

如果你真心没有和对方继续发展的意思，直接拒绝了吧！比如说你人挺不错的，但我觉得我们俩还是做朋友更合适；或者说你人挺好的，但目前我还不想谈男女感情等等。

切不可因为不知道怎么拒绝，或不好意思拒绝，而把两个人的友谊关系处成暧昧关系，这样做的结果是不但朋友没得做，还有可能反目成仇，被对方当成人品有问题的人。

爱情要独占，拒当第三者

说起第三者，人们习惯性地想到的都是女性小三。这是由于女性第三者确实比男性第三者多造成的。

第三者是被人所痛恨、所不齿的。但是在这些第三者里，有相当一部分人也是受害者，因为她被男人骗了。当初，她认识他，觉得他英俊潇洒有前途，细心体贴还多情……有这么多优点的男人肯定是优质男，至少是表面上的优质男。她被优质男所吸引，继而产生爱慕之心是人之常情。但问题就出在这里，当她对他有好感的时候，他也许对她也有好感，甚至很多时候，她对他还没有好感的时候，他已经对她有好感了。于是，追求也好，引诱也好，反正他向她隐瞒了他已婚或已有女友的事实，与她谈起了恋爱。

当她真正爱上这个男人，并深陷其中的时候，她才从别人嘴里知道了真相，原来，他已经结婚了。而她，被小三了。

这种女人其实很可怜，因为她被自己深爱的男人骗了的同时，还要承受道德的压力及自己良心的拷问：自己居然是第三者！自己居然伤害了另外一个可怜的女人！

面对这种情况，这些被小三的女子，所受的煎熬其实并不比男人家里那个被伤害的女人少。因为被伤害的那个女人可以在阳光下直面自己的伤害，是被同情，被世人所支持的那一个；而被小三的女子（此时请各位理智一点儿，不要一听到小三就破口大骂，我在此处说的是被骗而成为小三的女子。其实她付出的情感和男人家里那个女人的情感并无二致，当知道他还有一个女人时，就像妻子知道丈夫有了外遇是一样的，她们在情感上受到的打击和那个男人的妻子在感情上受到的打击是一回事）的伤心痛苦，是得不到世人的同情的。非但如此，她们的感情还不能曝光于天下，一旦曝光将得到无数谩骂。

我无意替第三者说任何好话，因为我知道，哪怕是我前面这一段理性的分析，都会得到很多读者的不理解甚至唾骂。但我是笔者，笔者的职责就是要保持一定的理性与公正公平，所以我还是想说，假如，你发现你的男友或丈夫有了其他女人。请不要在第一时间内冲到那个女人面前去撕打她，不管她是主动小三还是被动小三，都没这个必要。因为出现这种情况首先是那个男人的问题。

言归正传，回到我们的主题——如果，你被小三了，怎么办？

如果你只是被骗了而成为了第三者，那么在你知道真相之后，不管你的情感付出有多深，不管你浪费了多少青春，不管你是不是有了孩子，离开那个不负责的男人吧。如果他对你确实是真爱，那么让他娶你！

不要给他时间。如果他对你是真爱，他不会忍心如此伤害你的（欺骗已经是一层伤害），在你知道真相之后，他还不解决他制造出来的烂摊子，先不说他是不是有担当的男人，他对你已经不是真爱了。

在女人眼里爱情是最容不得沙子的。在你的眼里容不下，在其他女人眼里也容不下。所以，如果你是女人，如果你是拥有青春或靓丽外表的女人，不管那个男人表面上多优秀，你也不要主动当第三者！如果，你不小心被第三者了，那么，在你知道真相后，最好的办法就是离开，或者等他把事情解决干净来娶你。

7

CHAPTER

亲近的人，
更要把话说直白

这样的好心好意，我不想要

大概 10 岁左右，我被大人带着去一个多年未见的长辈家拜年。我穿着一件新买的刚流入市面的羽绒服。

刚进那位长辈的家门，那位我应该叫姑奶奶的亲戚就拉着我说：“闰女这件棉袄新买的吧？也不加一件罩衣，等会儿弄埋汰了就不好看了，姑奶奶这儿有件旧衣服，快点儿穿上。”说完就进屋给我翻出一件黑不黑灰不灰的（我妈都嫌老气）大布褂子，要给我套在羽绒服外面。

我看见那件散发着历史感飘着浓浓的老太太味道的大褂，

想死的心都有了。心想：姑娘我年方二六还未到呢，你却让我穿你这种六十多岁老太太的罩衣？还是罩在我新买的、正在得瑟中的羽绒服上？棉袄？它叫棉袄吗？它叫羽绒服好不好？

正这样想着，她老人家已经亲手给我往身上套大布褂子了。

我死活不让套！挣扎中大概弄疼她的手了。老太太一脸的不高兴："这孩子，怎么这么不识好歹呢？我可是好心好意，怕你把新棉袄弄埋汰了……"

听老太太这样说，我心里又开始嘀咕：弄埋汰了是我的事，要你管啊？我穿新衣服是为了好看，不是为了保持干净的好不？罩在里面别人看不见，再干净有什么用！好心好意？你把好心好意留着你自个过年好了，我可不要！

幸好我妈没有和那位长辈客气，也确实嫌那件大褂罩我身上不合适，硬是给阻拦下来了。要不然，我会把姑奶奶全家翻一百八十遍白眼。

说到我妈，我又想起一件我妈的事。

我成家后，我妈一年也难得到我家来住几回。某个秋天，我妈心血来潮说要到我家住三五天。

住了几天后，我妈说他们明天中午回去。

第二天早上，我如常喊儿子起床，然后准备送他上学。

却听我儿子在门口大叫：“我昨天准备的那双鞋呢？”

“不是在门口放着吗？”我一边回答他，一边往这边走，却发现，门口确实没有那双鞋。

事情是这样的，儿子的学校正在开运动会，他的一个同学跟我儿子说，他见过他穿过一双有红条纹的运动鞋，只穿过一回，问他是不是不喜欢穿。如果不喜欢穿就送给他好了，这鞋穿着跑步蛮舒服。

儿子一口答应下来，征求了我的意见后，特意把这双他已经收在床底的运动鞋提前翻了出来，摆在门口，以便提醒自己别忘了拿。

可是早上准备拿鞋的时候，却发现这双摆在门口的鞋不见了。

我问我妈看到摆在门口的鞋没有？我妈说她给收起来了：“你们家门口太乱了，我收拾了一下。”

“收哪了？”我问。

“我也不记得收哪了。”我妈说。

晕！我能想象儿子此时和我一样，心情很崩溃。但又不能说什么，找呗。

鞋柜找了一遍又一遍，没有；阳台也找了，没有；床底也找了，没有！

“鞋又不是衣服还能塞到哪个柜子里去，家就那么大点儿地方，你说这鞋能放哪儿去呢？”我问我妈。

我妈还是想不起来。大概看着我和儿子的脸色都不太好看（急啊，上学快迟到了），我妈嚷开了：“我好心好意帮你们收拾一下，还都埋怨我。”

我陪着笑脸说：“我的妈唉，你来我家也有好几天了，这门口每天都这样乱着，也没见您老人家收拾，这都要走了，怎么就给收拾了？收拾就收拾了吧，您把鞋给收哪去了啊！”

这时的儿子急得用拳头拍门，十几岁的男孩子是最讲面子的年纪，答应了人家的事儿不能兑现，这要怎么和同学说呢？

还好最后在我爸的提醒下，鞋总算找到了。但是，我真心在心里“谢谢了”我妈的好心好意。

生活中，这样的“好心好意”真的多得不能再多了，小到你的手机是裸奔的，他一定要给你套个手机壳；大到你三十出头了还没结婚，他一定要你给他面子打破你已经计划好的安排，抽出时间去和他给你介绍的他认为和你很合适的人见面……这种例子真是举不胜举。

我听说过这样一件事情：一个农村老头儿，儿子尽孝心给他重新盖了新房，老头儿很满意，但是，无论刮风下雨，他都不在家里上卫生间，而是打着手电去外面上厕所。原因是儿子坚持给他家卫生间里安了马桶而不是蹲便器，儿子说马桶坐着如厕舒服，老年人更应该用。

儿子说错了吗？没有。但他爹一辈子生活在农村，只有用蹲便器，老人家才习惯啊！

儿子的好心好意造成的结果是：家里有卫生间反而没以前方便了，以前至少不用半夜打着手电往外跑。

好心好意的出发点本是好的，我们也需要好心好意。但前提是，你的好心好意是不是别人想要的，且是不是你强加给别人的。

不管是大褂事件，还是马桶事件，出发点都是善意的，都是为对方着想。有这样的想法，可以，但还是要征求一下接受者的意见。如果接受者也恰好是这么想的，或者很愿意接受您的想法，那么，您的好心好意才是真正的好心好意。否则，就是您强加给对方的好心好意。您自己臆想出来的好心好意，您不但不觉得你的所谓好心好意给人家造成了麻烦，还强行要人家领你的这份情，这是没有道理的。

再好的闺蜜，也不能坏了你的规矩

今天在朋友圈里看到俏俏发了一条新信息，是图片的，配文只有三个字“笑死了”。

我点开俏俏发的图片，看到了她闺蜜小琪的出丑照。

照片的地点是一家KTV，第一张照片上的小琪手里拿着麦克风，对着屏幕做着夸张的深情状，表情确实挺逗人；第二张还是在那家KTV里，小琪手里拿着一根鸭翅，与一个同样拿着鸭翅的男生作喝交杯酒状……

俏俏和小琪都是我的微信好友，也就是说，小琪在俏俏的朋友圈的评论我能看得到。

所以，很快我就看到小琪在俏俏的朋友圈下面发了一条评论，也只有三个字：快删了。

但俏俏并没有删，而是在小琪的评论下面回复了一句：留照存证，偏不删。

小琪没再回话，但过了大概几个小时后，我看到俏俏还是把那条朋友圈的信息删了（几个小时后再删，我觉得已经没有什么意义了，大概能看得到的都看到了吧）。我并没有认为这是一件多大的事，也没有把这事放在心上。

但是，当俏俏又在朋友圈发了一条信息时，我意识到她们俩之间一定发生了点儿什么事。她这次发的是一段文字："人有多敏感，就有多自卑；人有多不敢面对真相，就有多虚伪。"简简单单地二十几个字，没有配图，当然，也没有指明对象。

但很快，我就发现小琪也在朋友圈发了一条信息，同样也是文字，没有配图："有些人，喜欢把自己的快乐建立在别人的痛苦之上，还自以为很幽默；有些人，做事不经大脑，给别人的生活带来麻烦，还以为是别人想太多；有些人，多管闲事，还自以为是‘为你好’。”

看到这里，我顿时明白了，俩人闹矛盾了。很显然，矛盾的导火索就是俏俏发的那两张照片。对于一个爱美的女孩来说，俏俏未经小琪同意，擅自把小琪的丑照发到朋友圈已经是不明智，小琪声明让她删除她还不及时删除，就更有点儿过分了。但我同时也知道她们是非常要好的朋友，而且小琪也不是那么小器的姑娘，有时，她自己也会主动发一些自己的逗笑丑照，这次为什么会闹得这么大，有点儿出乎我的意料。

我知道事情的原委是在两天后。

因为一些事，我在微信里找小琪。因为圣诞节快到了，我随口问小琪，这次打算跟男友怎么过圣诞节之类的话。结果小琪发了一个叹气的表情过来，然后说：“别提了，因为那个俏俏，男友和我正冷战呢。”

我脑子里灵光一闪，立即想到了俏俏在朋友圈发的那张小琪在 KTV 的图片，然后马上又想到了“交杯鸭翅”，于是我说：“难道是‘交杯鸭翅’惹的祸？”

虽然小琪对于我的“交杯鸭翅”一说，发了一个大笑的表情，但很快，她的语气又消沉了下去。小琪告诉我，和她一起玩“交杯鸭翅”的男孩，她男友也认识。当年，这个男孩也曾经追求过她，后来，她还是选择了现男友。小琪说正是因为这种情况，所以那次去 KTV 唱歌她才没叫上男朋友，没想到俏俏明明知道他们之间的这层关系，在未经她同意的情况下就把照片发到朋友圈，她让俏俏把图片删了，俏俏起初死活不肯删除图片，说小琪太敏感，想得太多，还说如果肖洋（小琪男友的名字）因为这张照片多心，证明他小气，是限制小琪的自由，没有给小琪足够的空间，不够男人；还说她早就看肖洋不顺眼，让小琪和肖洋分手……总之一句话，俏俏认为既然小琪不是因为她发了她的丑照而让她删除图片，那她就没有理由删除。

说到这里，小琪话锋一转，说：“王姐，您说，肖洋是好是坏，都是我的男朋友。我愿意接爱他的好或坏也是我的事，在我没征求她（俏俏）的意见之前，她凭什么让我和肖洋分手？”

我想了想，考虑到俏俏和小琪是闺蜜，且两人我都认识，于是我说：“俏俏让你和肖洋分手，确实有点儿过分了。但是，也许正是因为你们是好朋友，她可能发现了肖洋身上一些你没有看到的缺点，所以，才拐着弯提醒你呢？”

小琪又叹了一口气，说：“其实俏俏以前也提过肖洋的一些缺点，但并不是什么原则性的问题，比如劈腿或道德品质败坏等。你说谁身上还没有点儿缺点呢？虽然我因为肖洋的缺点也跟俏俏抱怨过几回，但那仅仅是抱怨，我并没想过和肖洋分手。这些话，在俏俏以前劝我和肖洋分手的时候，我也和她说过，可是我没想到她那么固执不说，控制欲还很强，总是想方设法制造一些我和肖洋的矛盾……”最后，小琪说了一句：“俏俏和我虽然是从小玩到大的闺蜜，但她毕竟不是‘我’，凭什么在这种事上替我作决定？我妈尚且都不能干涉我的恋爱自由，在我和她解释过的情况下，她还总是这样，是不是管得太宽了？人与人之间是有底线的，闺蜜又怎样，触及到我的底线，我一样不能原谅！”

小琪说完这些话，因为有事，离开了。而我也并不知道她目前和俏俏是一种什么状况，是在冷战，还是已经做不成朋友了。

在听完小琪与俏俏之间的故事后，我是站在小琪这一边的。正如小琪所说，“人与人之间是有底线的。”别说是闺蜜，即使是亲生父母尚且要尊重子女的想法与决定，作为好友，用自己的价值观去约束他人，用“我是为你好”之类的借口去控制朋友，显然是非常不对的。

小琪在这种情况下，没有为俏俏的劝说而摇摆，选择了相信自己，并且愿意承担因为没有听俏俏的话，而有可能与肖洋之间产生不合或者造成其他不好的后果，显然，这是非常成熟与明智的。

我们中国人和西方人有一个很大的不同，即界限模糊。

这种事特别容易发生在父母与子女之间，但随着这些年看得透想得开的父母越来越多，再加上孩子往往能直言不讳地在父母面前表达出“你管得太宽”了之类的不满，父母多少也有些收敛。相反，这种如俏俏对小琪般的越界行为，在好朋友，尤其是女性好友之间，经常发生，却不易被察觉。

比如 A 觉得 B 的工作不适合她，A 认为 B 明明可以找一个比现在更轻松，工资也更高的工作，搞不懂 B 为什么选择现在的工作，于是苦口婆心劝 B 换工作。这种情况下，如果 B 是愿意接受 A 的建议的，那么就不会出现问题。但如果当 B 已经解释过她做现在做这份工作的原因后，A 还是不停地劝阻，甚至进一步干涉，就是越界。

比如甲觉得自己和乙那么好，于是总是在外人，尤其是在乙喜欢的异性或同事面前出乙的丑，公布她过去曾做过的糗事，甚至直言不讳地说乙丑、胖、蠢等，还自以为是耿直，是幽默。

比如因为自己特别爱吃烤五花肉，所以就以关心、开玩笑的方式，实则是强制性地把五花肉塞到对方嘴里（有时，对方可能还是一个回族，这性质就又不一样了），男性好友则往往是往对方嘴里灌酒，不顾忌对方是否要开车，是否酒精过敏，是否刚吃了消炎药等，这样的事例，举不胜举。

不错，我和你是好朋友，我确实可以连续半个月吃泡面只为省下钱让你去泡妞（追帅哥）……但是，我还是我，你还是你。有些事，我如果已经强调过，请你一定要注意我的情绪或底线，好吗？

父母也会犯糊涂，不能一味偏信

中国有句古话：“天下无不是的父母。”

很多人，尤其是已经当了父母的人，对这句话有误解。他们普遍把这句话理解为：天下没有会犯错的父母。

这样理解真的很搞笑，如果说天下没有不会犯错的人，为什么当你是父母的时候，你就不会犯错呢？为什么当你们还是孩子或青年的时候，你们会犯错，当你们一旦结婚生了孩子，成为了“父母”之后，你就不会再犯错了呢？这简直……

“天下无不是的父母”这句话出自《幼学琼林》，原意并不是指天下没有会犯错的父母而是指心意。即天下的父母不管是出于什么原因（即使他们方法不对），但他们的出发点都是为子女好。故有了这么一句话。

即便是这样，我还是想问一句，那是不是说，只要你的出发点是为子女好，那么不管你用什么方法对待子女，都是不应该被人诟病的？都是正确的？都是值得被原谅的呢？那么，为了让孩子不说脏话，为了让孩子好好学习，而把孩子打伤、打残的父母又如何来评说？是不是也要给这些父母竖块匾，感谢他们是一个尽职尽责的好父母？

以上只是我针对“天下无不是的父母”这句话而发的“脾气”，情绪或许有点儿过激。现在，我来理智地分析一下父母这个“职业”通常会有的毛病。

我们都知道，排除极少数心黑、把子女不当人看，极其自私的父母外，天下不管哪种肤色或哪种种族的父母，对子女的爱可以说是最无私也是最真挚的了。

但父母也是人，是人就会犯错，何况当他们做了一个以前从未接触过的职业“父母”之后，可能会犯的错会更多。那么，在短短的一小篇文章里，我实在没办法细说父母会犯的错，只能用总结型的办法，来说一下父母常犯的几种错误。

第一种，讨好型。讨好型父母在中国占非常大的一个比例，尤其是在隔代关系中（虽然说爷爷奶奶、外公外婆与孩子间不是直接的父母关系，但在帮忙带孩子的过程中，她们也充当了父母的角色）。

这类父母是对子女百般讨好的那种人。孩子爱吃的都端到孩子面前，孩子爱玩的都买到孩子面前，孩子冷了就给加衣，孩子热了就给扇扇子……

总之，这类父母把一切认为对孩子好的都塞给孩子，请注意，这里的“认为对孩子好的”并不是孩子觉得好的，而是父母觉得对孩子好的。假如说，这个孩子觉得某个东西好，父母就满足他，那么，这个孩子可能会养成骄横跋扈且自私的性格。但就孩子个人而言，也许他是快乐的。但讨好型的父母并不是这样的，他们会把自己觉得好的一股脑地塞给孩子，美其名曰：为你好！

比如孩子喜欢音乐、踢球、画画等“正统”以外的东西。讨好型的父母此时并不会说：“好，你喜欢学画画就去学，我们支持。”相反，他们会说：“画画有什么出息，你看全世界有几个人真正是靠画画发财的？少之又少！还是考大学，读法律、上财经学院好。我们会害你吗？我们是为你好，听我们的，就考某某学校……”

第二种，指责型。这种父母在中国的比例也不小。在这种父母面前，孩子似乎做什么都不对。

孩子爱交朋友，他们认为孩子把心思都花在不该花的地方了；孩子不爱交朋友，他们认为孩子不合群，孤僻，将来怎么在社会上混。孩子阳光乐观，他们说孩子整天就知道咧着嘴傻笑，还说：“痴人多笑你知不知道？将来被人卖了你还替别人数钱呢！”孩子精明，他们又说：“你算得这么精，会有朋友吗？”孩子爱学习，他们说：“天天就知道学学学，也不知道出去走走多交几个朋友，赶明个儿变成书呆子。”

孩子不爱学习，这个问题父母怎么说，就不用我再告诉大家了……

总之，这种类型的父母几乎看不到孩子的长处，或接受不了孩子与众不同的地方（当然，也有看得到，但他们就是习惯性地指责）。在他们眼里，孩子是不懂事的，是需要被自己教育的，这种教育就是需要自己指出他们的不对！

第三种，抱怨型。这种类型，稍微不注意就容易和指责型搞混，二者之间本就不是黑是黑白是白这种界限分明的事情。但你要仔细区分，会发现抱怨型与指责型还是有些不同的。

孩子们最常听见的话是：“人家隔壁的王某某，不让父母操心就能考第一名。”当孩子努力学习，不让父母操心就考了第一名的时候，他们又会说：“王某某这孩子不但会学习，还知道心疼爸妈，每天在家里帮爸妈拖地。”当你也帮父母去拖地、擦桌子时，他们可能又会反过来说：“一个会每天帮父母拖地的男孩子，真的好吗？”诸如此类的话就是抱怨型。

第四种，冷漠型。说到这种父母，可能有人会说，也许你说的前几种父母，确实在我们的生活中存在。而这第四种父母，似乎不具有普遍性吧。你在文章开头就说过，那种极端自私奇葩的父母不在我们讨论范围内。

但是我想说，很多人把冷漠误以为是自私了。其实自私只是处处为自己考虑而不替他人着想，但他本质上很可能是一个热心或夸赞型的人。比如他说：“天哪，你好能干，能买到比原价便宜二十万元的房子，让给我让给我。反正你跟某老板关系好，你再找他重新买一套。”

但是冷漠型则是这样的：

孩子：“妈妈，我今天考试考了第一名。”

母亲：“哦。”

孩子：“爸，我今天不小心把腿划开了好大一个口子，流了好多血，是同学把我送到医院包扎的。”

父亲："包扎了就行。"他甚至连"你是怎么弄伤的？""以后要小心点"之类的话都不会说。

以上，只是我例举的父母冷漠的类型。当然，还有相当一大部分父母是有智慧的父母，比如鼓励型父母等，我就不一一例举了。

我在这里指出这几种父母的不足，也只是想证明"天下无不是的父母"这句话，即使是单纯地指心意，也不是正确的。

当然，若有做父母的看到了我这篇文章，能够有则改之当然是好的，但如果只是做儿女的孩子看到了我这篇文章，他们在不能要求父母改正的情况下，就只好自己多添一点儿智慧了：多思考一下父母的出发点是什么，他们说得对不对。如果对，你应该怎么做；如果不对，你又该怎么做。父母也会犯糊涂，不能一味偏信。

我想自己解决我和他之间的问题

同事和我抱怨：真不希望她父母继续帮她带孩子了。

细问之下，才知道不是她父母在带孩子上有什么问题，只是……

我的这位同事有一个不到 1 岁的宝宝，自己与先生都是上班族，孩子没人带自然是一个问题。于是我同事的已经退了休的父母就主动说过来帮他们带孩子。同事当然高兴万分，让自己的父母帮忙带孩子，总比请个保姆带孩子让人放心。

可是时间一长，问题也出来了。

同事的父母都是高级知识分子，在带孩子的问题上不存在营养啊、卫生啊、陋习啊等事情。也许恰好因为自己是高级知识分子的原因，这对父母特别喜欢对他们夫妻俩的一些生活习惯指手画脚。尤其是我同事的母亲，非常看不惯女婿的一些生活习惯，总觉得这个女婿对自己的女儿似乎不太好。

其实我们都知道，我同事与先生之间的感情很好。但作为生活了多年的夫妻，肯定不可能像谈恋爱那样，男孩对女孩一直细心呵护。男人做不到，女人其实也并不需要。我同事也说都是做母亲的人了，她没那么矫情。为此，同事也曾私下里和母亲谈过。母亲在一段时间内确实有所改善。但是，昨天同事因为一点儿小事与自己的先生争吵了几句。她的母亲就控制不住自己了。

本来这件事是公说公有理婆说婆有理的事，二人争吵的声音虽然比较大，但也并没有太过分，比如有伤人话语啊，脏话啊或者动手之类的。这种事，过去同事与先生之间也经常发生，甚至都不能定义为吵架，只是两个人就不同的观念，发表自己的意见，然后为了说服对方，嗓门都有点儿高罢了。本来争论过就罢了的事，结果，同事的母亲控制不住自己了，从卧室冲到了女婿面前，然后用手指着女婿的鼻子诉说他的不是，甚至把一些陈谷子烂芝麻的事都抖落出来了。

女婿有一刹那的惊讶，继而就是气愤。但面前这个人毕竟是自己老婆的母亲，也辛辛苦苦在帮自己带着孩子，于是强忍着怒气进了自己的房间。

女儿转过头来责备母亲这样做不好。结果这位母亲认为女儿不识好歹：我本来是帮着你说话，你反倒来责备我。于是气得哭了起来。老人哭（有声音的那种）和小孩或年轻人哭是不一样的，总给人一种莫名的恐怖感。那个刚会走路的小娃娃听到外婆的哭声，吓得也哭了起来。同事看看老的，又看看小的，心烦意乱。

其实，不管是同事的母亲插手了她的家事，还是她担心自己的女儿受委屈，同事的心情总归是不好的。

就像她说的那样，哪有夫妻不偶尔争吵一下的，“况且我们还不是真正意义上的吵架，如果是真吵架了，那还了得，母亲不知道会做出什么出格的事来。我真不知道我妈是怎么想的，她是想让我离婚吗？如果她是这样想的，她加入进来把事情闹大我还可以理解。但问题是，她并不是这样想的，那何必插入到我们夫妻之间的事情里呢？有些事，让我们自己解决不好吗？换句话说，就算在这个家里，我是处于像我妈理解的那样：被老公欺负。那也是由我们两个人来解决才行啊，你把家里弄得鸡飞狗跳的算什么事。我真不知道让他们过来帮忙是对是错，他们过来帮忙是解决了带孩子的问题，但我妈已经不是第一次这样对我先生指手画脚了。自从他们来了后，我和先生的关系越来越僵，他也越来越不愿意回家了。如果请个保姆，可能还好些……”

父母插手孩子家事，在中国，并不鲜见。

因为中国传统问题，也因为一些实际问题，父母与年轻夫妻同住的现象在中国也非常普遍。而婆媳不和，也是中国自古以来都存在的大问题。

婆媳不和的原因，可能每家都不一样。这和人的素质、文化、见识、思想等相辅相成，但不得不承认，有相当一部分的婆媳不和，就是出于老人爱插手年轻人的家事造成的。

中国有很大一部分老人，在儿子或女儿已经成家之后，还以为那个成家的儿子或女儿是自己的孩子，因此才没分清楚你和我。

对于这段话，大家可能有些不太理解，我来详细说一下。不管你的孩子是儿子或女儿，当他们成家后，他们只是你血缘上的孩子与家人，但从社会结构来说，他们已经和你不是一家人了。因为他们结婚了，他们与另一个人组成了一个新的家庭。这个家庭是独立的家庭，他们有权利自己去解决一些和另一半相处的问题。

如果孩子向您咨询一些问题，您可以解答；如果孩子在相处中有某些不对或不智慧的地方，您可以私下里教育他（这个他不仅仅只是您自己的孩子，也包括孩子的伴侣），这些都是可以的。

但请您一定不要像我同事的母亲那样，控制不住自己，去插手别人夫妻之间的事。

是的，他们之间的事是——别人夫妻之间的事。

我想，让中国老人认识到这一点儿有相当大的难度，甚至很多年轻人都没认识到这一点儿。尤其是那些在原生家庭里依赖惯了的年轻人，他们甚至会主动寻求父母支援自己。这一点儿，在原生家庭中挺受宠的姑娘身上显现的比较多。比如一言不和就回娘家，就是典型的主动寻求父母的支援。

和丈夫吵架了在什么情况下才可以回娘家呢？

对方使用暴力，或你们的感情已经彻底破裂，即你已经不想和他继续生活的时候，才可以回娘家。否则，不管你和你先生之间有多大的矛盾，都不应该拍拍屁股回娘家去，而是应该慎重地思考一下，你们为什么会争吵。到底是谁的错，你该怎么办。当然，在面对自己解决不了的矛盾时，你是可以请教亲朋好友的，但这个被你请教的对象人选也很重要。爱管闲事的，不行；管不住自己嘴喜欢四处传话的，不行；

没什么思想与智慧的，不行……

在这个问题上，我个人倾向于向陌生人求助（如果你觉得自己实在处理不了），这样，你就把亲朋好友一不小心干涉了你的家庭“内政”的可能性拒之门外了。

而作为父母，或亲人，或好友的那一方，切忌不要轻易插手你“爱”的那个亲人的家事。说一些如果是我，就会怎么样怎么样之类的话；甚至说出一些这种没出息的人，跟他过有什么意思的话。你永远不是他们，哪怕他们是你生的、你养育的，他与另一半怎么相处，离婚或不离婚，都应该由他们自己决定。

家务不是女人的专属，拒当老妈子

那天，几个老同学在网上聊天，乙说了一句：“最近工作好忙，我突然发现我好久没逛街了。”

甲立即接话道：“你比我强多了，你只是因为最近忙点儿没逛街，但想逛总能抽出时间吧？而我却连睡觉的时间都挤不出来，更别提逛街了。你说你好久没逛街，我猜最多也就两三个月没逛街吧？我感觉我都有一年没逛过街了。”

大家听了，自然是七嘴八舌地询问甲怎么会有那么忙，女人一年不逛街，想都不敢想。

甲说："你们又不是不知道，为了还房贷我打了两份工！我白天上班，下班就当老妈子，赶去菜市场买菜、做饭，然后收拾房间、打扫卫生……等忙完这些一般都是八九点了，我还得写兼职的软文。周末两个孩子在家，大的要辅导作业，小的要抱着，唉呀，我快烦死了！我不想和他过了！"

同学甲成家后在上海定居，上海的房价有多高就不用我多说了，他们是结婚十多年后才咬咬牙付了首期，贷款买了两居室，为了还贷，夫妻俩都拼了命地赚钱。拼命挣钱也就算了，还要了二胎，小的今年才 1 岁多。

而甲此时说不想和他老公过了，是因为她之前曾抱怨过老公不帮忙做家务，他们也曾沟通过，并且她给老公和 11 岁的大孩子分配了工作任务。可俩人只做了一两回就不做了。甲总不能把气撒到孩子身上，于是才这么说的。

听甲这样说乙问道："你下班还买菜做饭？你婆婆不是在你们家帮你带孩子吗？"

甲回道："我婆婆除了帮我带孩子，别的什么也不做。"

顿了一会儿，她又说："我不怪我婆婆，她有她的生活，她也没有义务帮我做家务。她能帮我带孩子我已经感激不尽了，只是我觉得我老公太过分了，完全不帮忙。我又不是让他做很多事，只希望他能保持屋子干净与整洁就行了。"

听到这里，我和乙都沉默了。

确实，每个家庭都有每个家庭的实际烦恼，而且甲说得也很有道理。对于婆婆来说，甲确实怨不着她老人家不多帮忙做点儿事，她能帮忙带孩子已经解决了甲的最大难题，确实应该心存感激。否则，甲要么请保姆，要么自己辞职在家带孩子。

但我们也知道，甲的老公其实人很好，对甲也不错，肯定不能因为他不帮忙做家务甲就真的和他离婚。而我们又不能再说你和你老公沟通沟通，让他也帮忙做一下家务的话，因为甲之前曾不止一次和老公沟通过。他老公每次都答应做家务了，只是因为工作累和惰性而不能坚持下去。

沉默片刻后，我突然说："既然沟通不管用，你老公也不想做，你除了做买菜做饭这些必须要做的家务活外，其他的可以不做啊？衣服可以丢给洗衣机，你只管晾晒就行了。至于房间整洁干净这种事，不用每天都做吧。”

甲说：“不行啊，我见不得家里乱糟糟的。家里有小孩子，每天东西扔得到处都是，地一天不拖就一层灰……”

听甲这样说，我说到：“每个人对家庭的整洁程度要求是不一样的，你要求家里保持干净整洁没有错，但相对于你老公来说，也许就是高要求了。大多数男人觉得家是让自己放松与休息的地方，而不是让自己继续劳作的地方。他们并没有觉得一两天不收拾家，不拖地，家里就乱糟糟看不得了。所以，你用你的高标准来要求你老公和你有一样的审美，从另外一种意义上来说，是不是也是一种强人所难呢？如果他愿意配合你，且不说经常帮你收拾家，哪怕偶尔帮你收拾一下也是好的，但问题的现状是，他并不愿意帮你收拾家，你就降低点儿要求呗。”

在我们的父母及老一辈人的眼里，家务活是女人的专属；

到了我们这辈人，虽然认为家务活不应该是女人的专属，夫妻双方应该共同分担，但实际的状况还是绝大多数家庭里的绝大部分家务还是女人在做的。而女人往往会对于自己和男人一样去上班挣钱，回家后却还要带孩子做家务，男人则可以什么都不做怨气冲天。

事实上，我也觉得这样对女人颇不公平。但我们都知道，这不是一天两天就能改变的现象。

因为人天生自带懒惰与自私，当男女从恋爱走向婚姻，当爱情的激情淡去，男女之间只剩下平淡的烟火亲情时，男人就真心不想再做家务了。

其实女人也大可不必将这个问题上升为爱与不爱。想想你自己偶尔回娘家的时候，尤其是你百忙之中，工作之余抽时间回家看父母的时候，你又帮父母做了多少家务呢？你也想偷懒的吗。

这里，我不是为男人找借口，我只是想告诉女人，关于家务，大多数男人的态度是：你愿意去做，我乐意坐享其成；

你不愿意去做，我也没有强迫你去做。所以，你又何必强迫他去做呢？

至于那部分没有人做的家务，我说过，除了不做就会饿死的买菜做饭之类的家务，其他的你就降低点儿要求吧。家，脏一点儿乱一点儿，确实没整洁干净让人心情舒畅，但也并不影响什么实际生活，那就脏一点儿乱一点儿好了。

你两天、三天甚至一周收拾一次家，又有什么关系？人永远没办法改变别人，当你没办法改变别人的时候（老公就是懒，不想做），你只能改变自己了。怎么改变？降低自己对家庭整洁度的要求，把自己从老妈子的角色里释放出来。

拒绝父母安排的强制性相亲

这是本书的最后一篇文章。在这篇文章里穿插了一封信，一封由被父母逼婚的孩子写给父母的信。这封信并非出自某个子女之手，而是我根据一个男孩的倾诉写成的。在写这封信之前，我有必要简单介绍一下这个男孩的基本情况。

男孩是一个懂事且帅气的孩子，大学毕业，目前有一份体面、薪水却很低的工作，参加工作一年了。父母只是普通的工薪阶层。

男孩大学读的是“2+2”模式，即在国内学习两年在国外学习两年。他的绝大多数同学目前都还在国外读研，他是少数大学一毕业就参加工作的人。

也许因为朋友都不在身边的原因，也许觉得自己尚小，也许觉得自己赚的钱不多，也许觉得缘分未到……不管是什么原因，就目前来说，男孩还没有女朋友，连交往的对象都没有。

于是，男孩的父亲打算给儿子介绍对象了。

男孩强烈反对，说自己回国参加工作就是听从了父母的安排，现在他们还想安排他的后半生，无论如何也不同意。

男孩的母亲也不太赞成自己老公给儿子介绍对象，其觉得孩子年龄还小，才 24 岁。

但男孩的父亲属于比较霸道的男人，即在家里一般是自己说了算的那种人。所以就相亲问题，男孩和父亲之间的矛盾非常大，两个人谁也不搭理谁。

以上这些，是男孩透露给我的，他说这些话的目的，也不过是想抱怨一下，而他自己还不知道接下来该怎么办。只是在他离开后，我却觉得，有必要针对他面临的情况，给他的父亲，乃至所有正在逼孩子相亲的父母写一封信，内容如下：

尊敬的父亲或母亲：

我不是你们的孩子。但今天，我想给你们写一封信，在写信前我先给你们讲一个故事。

故事发生在中国西北的某个农村。

某一天，一个读书人来这里旅游，无意中在山坡上看到了一个放牛的小男孩。小男孩大概六七岁的样子。读书人不知是出于无意还是有意，停下了前进的步伐，上前问那个放牛的小男孩："小朋友，你在干嘛啊？"

"放牛。"孩子答。

"放牛干什么用啊？"

"卖钱。"孩子回答的简洁而干脆。

"挣钱干什么用呢？"

"娶媳妇儿。"

"娶媳妇儿干什么呢？"

“生儿子。”

“生儿子干什么呢？”

“放牛！”

故事到这里就结束了。读书人的问题也许只是出于好玩，他的问题甚至都没有动脑筋。而孩子的回答也很简洁明了，也不用动脑筋。但听到这则故事的我，却动起了脑筋：父母生养孩子到底是为了什么？是为了简单地传宗接代吗？

是为了让他放牛卖钱娶媳妇儿生娃再放牛吗？

不是的！

我们活着的目的不是为了简单地生养，然后一代一代地完成生命传递的任务。而是为了认识世界，享受生命的美好。

我们不往大了说，比如造福人类什么的。我们只说我们这个渺小的自身，每个渺小的个体，都享有生命的权利，有权选择自己想过的人生。他可以选择去看自己没看过的风景，走自己没走过的路，尝试自己以前没接触过的工作，交不同的同性或异性朋友，甚至只是宅在家里看不同的书、打不同的游戏、睡不同的觉……只要他没做危害社会的事，他也没做要父母养的寄生虫，他就有权选择自己想要的生活，而不应该早早地被孩子、家庭困在传宗接代的怪圈里，至少在他觉得没必要的时候。

我们不是为了活着而活着，是为了更好地享受生活而活着。

信，只有这么长，也不见得每个看了这封信的父母都看懂了我在说什么，如果他们还是不懂我在说什么，那么，我讲点儿更实际的——一个发生在你我身边的故事。

故事的主角是一个姑娘。

这个姑娘是一个标准意义上的“剩女”，32 岁了，还没有结婚对象。

姑娘长相秀丽，工作不错，人也温柔善良。

姑娘曾有过一个交往 8 年的男朋友，两个人从大二相识，三年前她被男友抛弃。男友是贫苦农村出来的孩子，在认识姑娘后，一直是姑娘接济他读书、考研、到国外读博。在国外读博期间，那个男人认识了他觉得更适合供养自己的女人，于是把这个姑娘抛弃了。

8年，连抗日战争都胜利了。姑娘怎么可能那么快从情伤里走出来。于是这三年里，姑娘没有近距离接触过任何一个男性。

但是，姑娘的父母坐不住了。

他们轮番轰炸，给女儿介绍各种未婚或离异男性。

语言也是从语重心长到好言相劝再到恼羞成怒、气急败坏，总之一句话：你再不找人嫁了，就从这个家里滚出去，我们丢不起这个人。当然，这种话多是父亲说的。母亲多半是说："我们还不是为你好！"

后来，父母给姑娘介绍了一个表面上与她都还般配的男性。

姑娘和这位男性接触了几回后，一方面面临父母的压力，一方面觉得自己大概真是不可能再遇到对的人了，于是就嫁了。

结果，因为双方没有感情基础，再加上对对方了解也不透彻，男人在姑娘怀孕期间出了轨。拖了一段时间后，孩子还未满一岁，两个人就离婚了，孩子自然是归了女方。

于是，仅两年多时间，这个姑娘就从一个大龄单身女青年，变成了单亲妈妈。哪一种生活更苦，哪一种更难，一目了然。只是此时父母反倒不再给自己姑娘介绍对象了，大概是觉得一个女人只要结过婚，就证明是有人要的，就不会给他们丢脸吧！只是他们说过的那些“为你好”，是真的为你好吗？

我有点儿搞不明白了。

我也是一个母亲，所以，我并不是站着说话不腰疼的那一方。我只是觉得，一代人管一代人就好，儿女是你生养的，你有权利和义务把他们抚养成人，但剩下的人生，还得他们自己走。他们走得好与坏，作为父母，可以给予一定的意见与忠告，但何必要硬生生地插手呢？所以在本文最后，我建议未婚的男女青年，要果断拒绝父母为你们安排的强制性相亲。